T0245682

Soltar para avanzar

Soltar para avanzar

Dori Sánchez

VERGARA

Penguin
Random House
Grupo Editorial

Primera edición: noviembre de 2023

© 2023, Dori Sánchez
© 2023, Penguin Random House Grupo Editorial, S. A. U.
Travessera de Gràcia, 47-49. 08021 Barcelona
© 2023, Shutterstock, por las imágenes de las pp. 142 y 279.

Penguin Random House Grupo Editorial apoya la protección del *copyright*.
El *copyright* estimula la creatividad, defiende la diversidad en el ámbito de las ideas y el conocimiento,
promueve la libre expresión y favorece una cultura viva. Gracias por comprar una edición autorizada
de este libro y por respetar las leyes del *copyright* al no reproducir, escanear ni distribuir ninguna
parte de esta obra por ningún medio sin permiso. Al hacerlo está respaldando a los autores
y permitiendo que PRHGE continúe publicando libros para todos los lectores.
Diríjase a CEDRO (Centro Español de Derechos Reprográficos, http://www.cedro.org)
si necesita fotocopiar o escanear algún fragmento de esta obra.

Printed in Spain – Impreso en España

ISBN: 978-84-19248-80-0
Depósito legal: B-15.693-2023

Compuesto en Llibresimes, S. L.

Impreso en Black Print CPI Ibérica
Sant Andreu de la Barca (Barcelona)

VE 4 8 8 0 0

A mis hijas, Julia y Claudia, el motor de mi vida;
a mi amor, Ferran, el mejor compañero de viaje

ÍNDICE

TERCERA PARTE
EL FUTURO

DESCRIPCIÓN
Y ENFOQUE DEL LIBRO

Este libro explora las diferentes etapas de la vida y cómo estas pueden influir en nuestro día a día. A menudo, nos quedamos atrapados en el pasado, recordando situaciones negativas, pensando en lo que podríamos haber hecho de manera diferente, o sintiéndonos culpables, lo que nos lleva a momentos de profunda tristeza. Por otro lado, preocuparnos demasiado por el futuro, tratando de controlarlo todo y no dejando que la vida siga su curso, puede causarnos ansiedad. En cambio, es importante vivir en el presente, manejar nuestras emociones, establecer vínculos saludables y soltar aquello que nos impide avanzar.

Este libro tiene un enfoque tanto teórico como práctico, con el objetivo de que los lectores puedan aplicar los conocimientos adquiridos en su propia vida. Además de explorar los diferentes temas relacionados con las etapas de la vida, también ofrece herramientas prácticas para ayudar a los lectores a vivir una vida más plena y satisfactoria.

NOTA

Este libro está escrito en género masculino con el fin de facilitar la lectura y mantener una narrativa más fluida. Sin embargo, quiero aclarar que mi intención no es excluir a ninguna persona, con independencia de su género.

Deseo que todas las personas que se acerquen a estas páginas puedan sentirse incluidas y conectadas con el mensaje que pretendo transmitir. Creo en la importancia de la igualdad y la diversidad, y por eso las ideas y reflexiones contenidas aquí son aplicables a cualquier individuo.

Aunque reconozco la relevancia del lenguaje inclusivo, en esta ocasión he optado por mantener una estructura más tradicional para no distraer del contenido central. Mi propósito es que cada lector, sin importar su género, encuentre en este libro una fuente de inspiración y aprendizaje valioso.

INTRODUCCIÓN

Bienvenido al viaje que vas a emprender a través de esta lectura. Me gustaría comenzar presentándome para aquellos que no me conocen. Mi nombre es Dori Sánchez y se me conoce en las redes sociales como @dorisanchez_psicologa. Hace algunos años me adentré en el mundo de la psicología al descubrir que lo que de verdad me movía y me hacía feliz era escuchar y ayudar a las personas acompañándolas en los momentos complicados de la vida, tratando de ser un sostén emocional para ellas.

Probablemente has llegado aquí porque llevas muchas cargas emocionales en la mochila, algo que todos tenemos y que a menudo nos impide avanzar. Quiero que te sientas acompañado y comprendido, ya que cada uno tenemos nuestra propia mochila. No es fácil vivir sin preocupaciones, sin recuerdos dolorosos o sin patrones aprendidos; sin embargo, podemos trabajar para que el peso de esas cargas sea cada vez menor.

Este libro es solo una guía y no puedo asegurarte de que su lectura vaya a resolver todas tus cargas emocionales; sin embargo, mi objetivo es hacerte reflexionar y que puedas entender muchas de las cosas que te suceden. Quiero que sea un punto de inflexión para que comiences el cambio que quizá necesitas, que depende únicamente de ti y que será tu propio mérito.

La mochila emocional es una metáfora que se define como el conjunto de emociones, sentimientos, experiencias y situaciones no resueltas que llevamos con nosotros en la vida diaria. Esta carga emocional puede afectar a nuestro bienestar emocional y nuestra capacidad para afrontar nuevas situaciones.

No todas las cargas son negativas; también pueden incluir experiencias positivas, como recuerdos de momentos felices y logros alcanzados. Estas valencias positivas equilibran las cargas negativas, por ejemplo, los traumas, el dolor emocional y los miedos. Estos elementos negativos pueden tener un impacto significativo en cómo se siente una persona y en cómo se comporta en diferentes situaciones.

Es importante destacar que la mochila emocional puede ser tanto consciente como inconsciente; es decir, la persona puede ser consciente de las emociones y experiencias que carga consigo, o puede que no lo sea y que estas emociones se manifiesten de forma subconsciente en su comportamiento y relaciones interpersonales, a través de otras emociones tapadera con las que evitamos enfrentarnos a sentimientos que quizá son más difíciles o a los que no nos apetece plantar cara.

No podemos borrar el pasado ni eliminar esos momentos complicados por los que hayamos podido atravesar. Forman parte de nuestra historia de vida; gracias a ellos también somos las personas en las que nos hemos convertido hoy en día, y han influido en nuestra forma de sentir, pensar y actuar.

Tendemos a enfocarnos en los aspectos negativos del pasado y permitir que estos influyan en nuestro presente, dificultando nuestra capacidad para avanzar. Es importante aprender a gestionar esas emociones y pensamientos, así como encontrar la forma de procesar y aceptar los sucesos pasados para progresar hacia un futuro más pleno y feliz.

Además de las cargas del pasado que arrastramos, existen otras que nos dificultan progresar y se encuentran cronológicamente en el presente. Algunas de ellas son las inseguridades, la autoexigencia, el perfeccionismo, los miedos, los conflictos interpersonales, las relaciones que no suman, etc. Todo ello nos impide centrarnos en nuestras metas y objetivos, y nos aleja de la primera posición en nuestra lista de prioridades.

Está muy estandarizado poner a los demás en primer lugar, pensar siempre en los otros, y, claro, es algo importante. Pero ¿y nosotros? ¿En qué lugar te colocas tú en tu lista de prioridades? Es fundamental que ocupes la primera posición. Nadie te va a querer o cuidar como tú deberías hacerlo. No es ser egoísta, como culturalmente nos han hecho creer al inculcarnos la idea de que poner a los demás en primer lugar es una virtud y que pensar en uno mismo es algo negativo. Esta creencia puede llevarnos a descuidar nuestra propia salud mental y emocional, y abocarnos a una sobrecarga de responsabilidades y preocupaciones ajenas que nos haga olvidar nuestras propias necesidades.

Para cuidarnos a nosotros mismos tenemos que aprender a poner límites, a decir «no» cuando sea necesario y no sentirnos culpables por hacerlo. Debemos permitirnos tener tiempo para nosotros mismos, hacer cosas que nos gusten y nos hagan felices, y trabajar en nuestro propio bienestar emocional.

No te sientas culpable por poner tu salud mental y emocional como prioridad; al hacerlo, no solo nos beneficiamos nosotros mismos, sino que también podemos cuidar mejor a los demás y contribuir positivamente a nuestras relaciones interpersonales.

Acabaremos el recorrido cronológico con las cargas emocionales que vienen del futuro. Y me dirás: ¿Cómo voy a tener una carga por algo que no ha sucedido y aún no existe? Te diré que gran parte de los pensamientos que nos impiden disfrutar del aquí y el ahora provienen de la incertidumbre sobre lo que ocurrirá en el futuro. Por lo general, nos cuesta mucho gestionar esa incertidumbre y tendemos a preocuparnos por lo que podría suceder, dejándonos atrapar por el miedo y la ansiedad, incluso cuando aún no ha pasado nada. Nos preocupamos por nuestra salud, nuestra situación financiera, nuestras relaciones, nuestro trabajo y una larga lista de etcéteras que generan una gran carga emocional y nos hacen sentir paralizados y limitados.

Es importante tener en cuenta que el futuro es incierto y que, por más que intentemos controlarlo, nunca podremos prever exactamente qué sucederá. Por lo tanto, nuestra mejor baza es centrarnos en el presente y en las acciones que podemos emprender en este momento para construir el futuro que deseamos.

PRIMERA PARTE

EL PASADO

1

LA FAMILIA Y NUESTRA HISTORIA DE VIDA

La familia es uno de los pilares fundamentales en la vida de cualquier ser humano. Es el primer grupo social al que pertenecemos, en el que se construyen las primeras relaciones afectivas y emocionales. Nuestra familia conforma el primer modelo de referencia y en ella aprendemos a relacionarnos con los demás, comunicarnos, resolver conflictos y establecer los primeros vínculos emocionales.

Nuestra historia de vida está íntimamente ligada a la historia de nuestra familia, ya que somos el resultado de todas las experiencias, enseñanzas y aprendizajes que hemos adquirido desde la infancia. Desde que nacemos, pasamos a formar parte de la familia y a desempeñar un papel dentro de ella. Además, ejerce una función relevante en la formación de nuestra identidad y valores. Desde pequeños, aprendemos lo que es importante y valioso para nuestra familia, como la religión, las tradiciones, la educación o el trabajo. Estas lecciones pueden seguir influyéndonos en la vida adulta y moldear tanto nuestra forma de ver el mundo como nuestras decisiones.

Cada familia es única y tiene sus propias creencias y valores, pero existen patrones y dinámicas que se repiten en muchas de ellas. Por ejemplo, el papel de los padres en la crianza de los hijos es algo que se reitera. Ellos son los encargados de proporcionar amor, apoyo emocional y orientación a sus hijos, que a través de esta relación aprenden a sentirse seguros y a desarrollar su autoestima. En general, la familia es un espacio seguro y acogedor donde sus miembros pueden crecer y desarrollarse, los lazos familiares suelen ser fuertes y duraderos, y constituyen la base de la identidad y el sentido de pertenencia.

No obstante, es primordial tener en cuenta que la familia no siempre es un lugar seguro y acogedor. En algunos casos puede ser un ambiente abusivo o tóxico que nos perjudique en lugar de ayudarnos. En estas situaciones es fundamental buscar ayuda y apoyo para ir al encuentro de una vida mejor, ya que la familia no es sagrada.

Esta idea de sacralidad es muy común en muchas culturas y sociedades. Se nos enseña desde pequeños que la familia es la base de todo, que en ella encontraremos amor, protección y apoyo incondicionales. Sin embargo, la realidad es que la familia es un grupo de personas que comparten lazos de sangre, pero esto no garantiza que siempre estén en sintonía o compartan los mismos valores y creencias. En algunas familias, la violencia, el abuso emocional o físico, la negligencia y la falta de respeto son constantes, y esto convierte el hogar en un lugar tóxico y dañino.

Además, es básico destacar que la familia no es el único lugar donde podemos encontrar amor y apoyo. A veces, las amistades, las parejas, los grupos de interés común, entre otros, pueden ser tan relevantes como la familia en el desarrollo de una vida plena y satisfactoria. Es cierto que la familia puede ser una fuente de apoyo emocional y psicológico en muchos casos, pero también es importante reconocer que no todas las familias cumplen con esta función. Debemos ser críticos y reflexivos al hablar de la familia y no idealizarla como un espacio en el que todo es perfecto y todos son felices. En su lugar, debemos trabajar en crear relaciones sanas y positivas con las personas que forman parte de nuestra vida, sean o no de nuestra familia.

Ejercicio
Árbol genealógico de tu familia

Es importante conocer la historia de nuestra familia para comprender en muchas ocasiones la conducta de nuestros padres, hermanos y abuelos, ya que determinados acontecimientos pueden dejar una marca en los miembros de la familia, que afectará a todos en general. Por eso te propongo un ejercicio inicial para adentrarte en el pasado, entenderlo y sanarlo.

Te invito a elaborar un árbol genealógico de tu familia, empezando por ti mismo y luego agregando a tus padres, abuelos, bisabuelos y así sucesivamente. Incluye su nombre completo, la fecha de nacimiento y, en caso de que hayan fallecido, la fecha de fallecimiento, junto con cualquier otra información relevante que conozcas. Puedes añadir todos los detalles que consideres pertinentes, como lugar de nacimiento y profesión u oficio, ya que, cuanto más completo sea, más conclusiones podrás extraer.

El árbol genealógico es una herramienta muy útil para comprender la historia familiar y nuestras raíces. También nos ayuda a entender patrones o tendencias en nuestra familia en términos de características físicas, personalidades, profesiones y otros aspectos. Además, elaborar un árbol genealógico puede ser una actividad interesante y enriquecedora para compartir con nuestros seres queridos, ya que les permite conocer más sobre sus antepasados y la historia familiar. También puede fortalecer los lazos familiares y generar una mayor conexión con nuestra identidad y origen.

EL ÁRBOL
GENEALÓGICO
FAMILIAR

La familia como una unidad dinámica

La familia constituye un sistema dinámico compuesto por sus miembros, sus relaciones y sus interacciones. Cada miembro aporta su propia personalidad, necesidades, expectativas y emociones, lo que hace que el sistema sea complejo y variable. El funcionamiento familiar se basa en gran medida en la comunicación entre los miembros y en su capacidad de adaptación a los cambios y desafíos del entorno. Cada familia tiene su propia dinámica y formas de funcionar. Los patrones de interacción pueden ser positivos o negativos, y tienen un impacto en nuestra personalidad y en nuestra forma de relacionarnos con los demás.

Por ejemplo, un entorno familiar cálido, amoroso y de apoyo favorece el desarrollo de habilidades sociales saludables y una autoestima sólida. Por el contrario, un ambiente hostil o crítico puede generar dificultades para confiar en los demás y en uno mismo, así como diversos problemas emocionales.

Los roles y las responsabilidades familiares también influyen en la dinámica familiar, aunque pueden cambiar con el tiempo y varían de una familia a otra. La dinámica familiar puede estar influida por factores externos, como el entorno social y cultural en el que se encuentra. Las creencias, los valores y las tradiciones también tienen un papel relevante en las relaciones familiares. Además, las situaciones estresantes o traumáticas, como enfermedades, divorcios, pérdidas de seres queridos o violencia doméstica pueden afectar a la dinámica familiar. Estas situaciones requieren adaptación y apoyo por parte de los miembros.

Comprender la dinámica familiar es importante para entender las relaciones entre los miembros y poder brindar apoyo en situaciones de estrés o trauma.

TIPOS DE FAMILIAS SEGÚN EL ESTILO DE CRIANZA DE LOS PADRES

Los estilos de crianza son patrones de comportamiento y actitudes que los padres utilizan para criar a sus hijos. Existen cuatro estilos de crianza: el autoritario, el permisivo, el negligente (o desapegado) y el democrático. Sin embargo, es posible que identifiques rasgos de tu situación personal en diferentes estilos.

Estilo autoritario

El estilo autoritario en el caso de Marina

Marina vivía en una familia donde sus padres siempre imponían su autoridad sin permitir que ella tuviera voz ni voto. Desde pequeña, le enseñaron que obedecer era la única forma de ganarse su amor y aprobación. Marina siempre sintió que no encajaba en su familia, sus intereses y deseos eran diferentes a los de sus padres, pero temía expresar su opinión, puesto que sus padres la ridiculizaban o incluso la castigaban por hacerlo.

Con el tiempo, Marina empezó a sentirse cada vez más angustiada y deprimida. No tenía control sobre su vida y no podía expresarse con libertad. Sin embargo, no sabía cómo cambiar su situación, ya que siempre había vivido bajo el régimen autoritario de sus padres. Un día tomó una decisión importante: irse de casa y empezar su propia vida. A pesar de la incertidumbre y el miedo, sintió que era la única forma de liberarse de la opresión de su familia.

Marina aprendió a tomar decisiones por sí misma y a confiar en su propio criterio. Se rodeó de personas que la apoyaban y respetaban como persona, y poco a poco comenzó a construir una vida que la hacía feliz. Aunque fue un camino difícil, se dio cuenta de que la familia no es sagrada y de que es importante valorar nuestro propio bienestar emocional y mental por encima de las normas impuestas por nuestros padres o familiares.

Marina ha vivido su infancia en el seno de una familia con un estilo de crianza autoritario, con padres muy estrictos y un alto nivel de exigencia, obediencia y respeto. Son padres que no explican las razones por las que se impone un castigo o una regla; simplemente detrás de ellos hay un «Porque sí», «Porque lo digo yo», «Porque soy tu padre».

Entre las consecuencias que puede tener crecer con unos padres similares a los de Marina se encuentra la baja autoestima debida a la falta de reconocimiento por parte de los progenitores, «Es lo que debes hacer» en lugar de «¡Qué bien, hija, estoy muy orgullosa de ti!», por lo que se pasan la vida buscando ese reconocimiento por parte de sus padres que en muchas ocasiones nunca llega y que les ocasiona en muchos casos ansiedad o estrés. También pueden producirse problemas de conducta, ya que no todos los niños y jóvenes son como Marina, y muchos de ellos, en especial con la llegada de la adolescencia, necesitan reivindicar su opinión y criterio, por lo que aparecen conductas de rebeldía, como la agresividad o el aislamiento social. La falta de habilidades sociales es otra de las repercusiones que pueden producirse, ya que, al no dar su punto de vista en las diferentes situaciones, no han aprendido a expresarse de forma asertiva, por lo que encontrarán dificultades para establecer vínculos sociales y desenvolverse en situaciones sociales. Y, por último, igual que le ocurría a Marina, que no sabía cómo salir de ese ambiente de control excesivo, otra de las repercusiones es la dificultad para tomar decisiones por uno mismo.

En resumen, vivir en un ambiente de crianza autoritario puede tener graves consecuencias a largo plazo y limitar la capacidad de la persona para relacionarse con los demás, tomar decisiones y alcanzar su máximo potencial. Pero tranquilo, nada es irreversible y poco a poco, como

Marina, vas a ir adquiriendo esa autonomía que quizá ahora eches en falta. Hacer las cosas por primera vez solo, a veces, es complicado; tendrás nervios, te familiarizarás con el fantasma de la duda, pero CONFÍA en TI, estás más que capacitado para tomar tus propias decisiones y enfrentarte a nuevos retos, y con retos no me refiero a subir el Everest, porque cuando has vivido en el seno de una familia así hasta enfrentarte a una simple gestión te supone el esfuerzo de subir un ocho mil.

Estilo permisivo

La historia de Nerea en una familia permisiva

Nerea creció en una familia cuyos padres siempre le permitían hacer lo que quisiera, sin establecer límites claros ni poner reglas. Desde muy pequeña Nerea disfrutaba de una familia en la que el afecto y las muestras de cariño por parte de sus padres estaban muy presentes; se sentía apoyada y respaldada por ellos. También disfrutaba de una gran libertad y autonomía, y no tenía que rendir cuentas a nadie. No había ningún tipo de norma: podía irse a la cama a la hora que quisiera, sacar los juguetes y no recogerlos, tener su habitación desordenada, no organizarse con las tareas del colegio. En ese momento lo veía como algo superpositivo; se sentía una niña muy afortunada, libre, feliz y querida. Qué podía haber de malo en todo ello, ¿no?

A medida que Nerea fue creciendo, comenzó a darse cuenta de las consecuencias de vivir en un ambiente permisivo. Con el paso del tiempo empezó a afrontar dificultades en la vida diaria. Nerea tuvo que luchar con la falta de disciplina y estructura en su vida. No había aprendido a establecer metas ni a gestionar su tiempo de manera efectiva. Le costaba concentrarse en sus estudios y en sus responsabilidades laborales, lo que afectaba a su rendimiento y a su progreso profesional.

Además, Nerea experimentaba dificultades en sus relaciones personales. No había aprendido a establecer límites ni a respetar los límites de los demás. A menudo se encontraba en situaciones de conflicto o había personas que se aprovechaban de ella debido a su naturaleza complaciente.

A medida que Nerea entró en la edad adulta, se dio cuenta de que necesitaba hacer cambios en su vida para superar los patrones de crianza permisiva que habían influido en su desarrollo. Buscó terapia y asesoramiento para aprender habilidades de autorregulación, establecer límites saludables y fortalecer su autoestima.

Como ocurrió en la historia de Nerea, los padres permisivos son muy relajados y no establecen muchas reglas. Tienen dificultades para establecer límites y decir «no» a sus hijos. Les resulta complicado poner normas porque afrontar los sentimientos de tristeza o rabia de los hijos no es sencillo.

Con las demandas que exige la vida conforme crecemos, aparecen dificultades de organización, aceptación y establecimiento de límites, comunicación asertiva y resolución de conflictos. En ese momento, como persona individual, toca aprender a disciplinarse, como hizo Nerea. Ella supo enfrentarse a los desafíos que surgieron y fue capaz de superarlos. Aprendió lecciones valiosas sobre la importancia de la disciplina, los límites y el autocuidado, y logró construir una vida equilibrada y satisfactoria para sí misma. Ella lo hizo con terapia, pero no en todos los casos es necesario. Si no tienes esa guía, tendrás que buscar otro tipo de apoyos, como libros, ejercicios de organización, etc.

Estilo negligente/desapegado

Juan y su infancia marcada por el desapego y el abandono

Juan creció en un hogar desestructurado, donde el cuidado y la atención emocional brillaban por su ausencia. Sus padres estaban ausentes tanto física como emocionalmente y no cumplían con las responsabilidades básicas de cuidado y apoyo que implica el cuidado de un niño.

Tuvo que aprender a valerse por sí mismo desde niño, asumiendo tareas que no le correspondían por su edad. En un hogar marcado por la negligencia, la falta de atención de sus padres lo empujó a convertirse en una figura de cuidado para sí mismo y, en ocasiones, incluso para sus hermanos menores. Mientras otros niños disfrutaban de juegos y actividades propias de su edad, Juan se veía inmerso en tareas domésticas y labores que normalmente quedaban a cargo de los adultos. Aprendió a cocinar, limpiar la casa y ocuparse de su propia higiene personal sin recibir instrucciones adecuadas ni el apoyo necesario.

La carga que Juan sostenía a tan temprana edad tuvo un impacto significativo en su infancia. A medida que crecía, la sensación de tener que cuidar de sí mismo y de los demás le generaba un peso emocional abrumador. Se sentía como si tuviera que llevar el mundo sobre los hombros, sin poder disfrutar de la ligereza y despreocupación propias de la niñez. Todo esto lo hacía desconectar y sentirse alejado de sus compañeros y amigos; tenía dificultades para relacionarse con otros niños de su edad, ya que sus experiencias y preocupaciones eran diferentes de las de ellos.

Esta falta de atención afectó a su desarrollo emocional. Juan creció con una profunda sensación de abandono y rechazo. También afectó a su autoestima, ya que no recibía de sus padres el reconocimiento ni el afecto que necesitaba. Esta falta de conexión emocional le generó dificultades para establecer relaciones saludables y confiar en los demás.

En la escuela, Juan luchaba por concentrarse y cumplir con las tareas académicas, pero esa falta de motivación y apoyo por parte de su familia le impidió alcanzar su potencial académico.

A medida que Juan se adentraba en la adolescencia y la edad adulta, las secuelas de la crianza negligente se hicieron palpables. Experimentaba sentimientos de vacío y soledad, y a menudo lidiaba con problemas de autoestima y ansiedad. Tenía dificultades para establecer metas y perseguir sus sueños, ya que no había recibido el apoyo ni las herramientas necesarios para desarrollar su potencial.

A pesar de los desafíos y las secuelas emocionales que arrastraba, Juan decidió que no permitiría que su pasado definiera su futuro. Buscó apoyo en amigos, referentes y profesionales de la salud mental para sanar las heridas emocionales y aprender a disfrutar de su vida sin el peso constante de la responsabilidad. A través de un trabajo introspectivo y de reconstrucción de su identidad, Juan logró liberarse poco a poco de las cadenas de la infancia y encontrar el equilibrio en su vida adulta.

Como hemos visto en el caso de Juan, los padres con estilo de crianza negligente no establecen reglas claras y no brindan suficiente atención o apoyo emocional a sus hijos. Esto genera sentimientos de abandono, soledad y baja autoestima en ellos. Estos padres pueden tener problemas de adicción o salud mental, o simplemente no están interesados en la crianza de los hijos y se ven desbordados por ello.

Estilo democrático

Raúl y su historia en una familia con estilo democrático

Raúl nació en el seno de una familia cuyo sello de identidad eran la igualdad, el respeto y la toma de decisiones de forma conjunta. En casa de Raúl, el diálogo era abierto y había una participación activa por parte de todos los miembros de la familia. Sus opiniones se valoraban y además lo animaban a expresar sus ideas y deseos. Las decisiones familiares se tomaban de manera consensuada, teniendo en cuenta las necesidades y deseos de todos.

Disfrutaba de una gran autonomía y libertad dentro de los límites establecidos por sus padres. Tenía la oportunidad de explorar sus propios intereses, experimentar y tomar decisiones en un entorno seguro. Sus padres lo alentaban a que aprendiera de sus errores y asumiera responsabilidades acordes a su edad y capacidad.

A medida que Raúl crecía, desarrolló una mentalidad abierta y tolerante, capaz de comprender y respetar las perspectivas de los demás. También adquirió habilidades de comunicación efectiva y resolución de conflictos desde una edad temprana. Aprendió a escuchar de forma activa a los demás, a respetar las diferencias de opinión y a buscar soluciones que los beneficiaran a todos.

El ambiente de confianza y respeto en su familia permitió que Raúl se sintiera seguro y valorado. Tenía la certeza de que sus necesidades emocionales y físicas recibirían atención, y de que siempre podría acudir a sus padres en busca de orientación y apoyo.

En la edad adulta, Raúl llevaba consigo los valores y principios que le había inculcado su familia. Buscaba relaciones basadas en la igualdad y el respeto mutuos. Destacaba en su entorno laboral por su habilidad para trabajar en equipo y encontrar soluciones consensuadas.

La crianza democrática en su familia también había influido en su compromiso social. Raúl se involucraba de forma activa en proyectos comunitarios y luchaba por la justicia y la igualdad. Había aprendido a utilizar su voz y sus habilidades para promover el bienestar de los demás.

En resumen, la crianza democrática en la familia de Raúl le brindó una base sólida para su desarrollo personal y social. Le enseñó la importancia de la participación, el respeto y la igualdad, y lo preparó para ser un individuo seguro, empático y comprometido con la comunidad.

Es importante tener en cuenta que, al margen de todas estas historias que hemos visto encasilladas en cada uno de los estilos de crianza, la mayoría de las familias reales no encajan en un solo estilo de crianza. Pueden recurrir a diferentes estilos en distintos momentos o situaciones.

Es cierto que los estilos de crianza no determinan de manera absoluta el éxito o el fracaso en la crianza de los hijos. Cada familia y cada niño son únicos, y esas diferencias individuales deben tenerse en cuenta al abordar la crianza.

También quiero que sepas que, cuando nace un niño, también nacen unos padres, y nadie nos enseña a serlo. Requiere un aprendizaje y dependemos en gran medida del instinto de protección y de nuestra intuición para guiar nuestras acciones.

En la gran mayoría de las ocasiones, como padres intentamos hacer lo mejor que podemos con lo que tenemos y sabemos. No somos padres perfectos, sino padres REALES, y estoy segura de que, en muchas ocasiones, al no disponer de las herramientas, quizá no hicieron contigo las cosas de la manera más adecuada, a pesar de que pusieran en ello la mejor de sus intenciones. No conocían las consecuencias que eso pudiera tener en tu YO de ahora.

Ahora tenemos a nuestro alcance muchísima información respecto a la crianza, pero antes no se disponía de tantos datos y conocimiento. Por lo tanto, es comprensible que las prácticas de crianza hayan evolucionado a lo largo del tiempo. Eso nos ha permitido tomar decisiones más informadas y adoptar enfoques basados en evidencias científicas para criar a nuestros hijos.

Es importante tener en cuenta esta evolución en la crianza y no ser demasiado duros con nuestros padres, y valorar su papel en la crianza no desde el momento presente, ya que sería una posición ventajosa, sino desde el contexto y el espacio temporal en el que vivían. Eso te permitirá empatizar, soltar esos rencores y poder continuar hacia delante.

Ejercicio
Una carta para reconciliarte con tu pasado y soltar todo lo que no les has dicho a tus padres, abuelos o tutores

Te propongo que escribas una carta a cada una de las personas que te criaron; esta puede ser una posible estructura:

1. **Introducción:** Expresar el propósito de la carta y el deseo de comunicar sentimientos y pensamientos no expresados con anterioridad.

2. **Todo lo que necesitabas y no obtuviste:** Enumerar las necesidades emocionales o de otro tipo que sentías que no se satisficieron durante tu vida. Por ejemplo: apoyo emocional, comprensión, tiempo de calidad juntos, etcétera.

3. **Todo lo que querías decir y no te atrevías:** Expresar los pensamientos o sentimientos que no compartiste porque no reuniste la valentía suficiente. Por ejemplo: expresar tu amor, tus propias opiniones o deseos, etcétera.

4. **Todo lo que deseabas cambiar y no podías:** Mencionar aspectos de la relación o dinámicas familiares

que no pudiste cambiar porque sentías que no tenías el poder o la capacidad de hacerlo. Por ejemplo: mejorar la comunicación, establecer límites saludables, etcétera.

5. **Todo lo que no soportabas:** Describir aquellas cosas que encontrabas difíciles de tolerar en la relación o en el entorno familiar. Puede ser cualquier situación o comportamiento que te afectara de forma negativa.

6. **Temas pendientes:** Identificar los temas o asuntos que sientes que aún están sin resolver en la relación y que deseas abordar para poder seguir adelante. Pueden ser conflictos pasados, malentendidos o cualquier cuestión importante que requiera atención.

7. **Conclusión:** Terminar la carta expresando tus sentimientos finales hacia esa persona del pasado, reafirmando tu amor y tu deseo de mejorar la relación, y encontrar la forma de sanar y crecer juntas.

Una vez que tengas las cartas, júntalas en un recipiente, quémalas y guarda las cenizas para llevarlas a un lugar en la naturaleza o a algún espacio significativo para ti; será un momento de agradecimiento y gratitud contigo mismo.

Hola!

Hoy te escribo esta carta, porque siento que tenemos cosas pendientes por hablar.

Primero, quiero decirte que te quiero y aprecio todo lo que has hecho por mí a lo largo de los años. Tu amor incondicional y sacrificio han sido fundamentales para mi crecimiento y desarrollo como persona. Sin embargo, también siento que ha habido momentos en los que no hemos estado en la misma sintonía y que eso ha creado un distanciamiento entre nosotros.

En muchas ocasiones me he sentido solo, no he sentido tu apoyo, ni emocionalmente ni en los proyectos que he iniciado. Me he sentido muy juzgado, y eso me ha llevado a encerrarme en mí mismo.

En esta carta, no busco culpables, solo quiero compartir mis pensamientos y sentimientos, con la esperanza de que pueda ayudarme a liberar cualquier tensión que pueda existir entre nosotros.

Quiero que sepas que te perdono, al igual que espero que puedas perdonarme también a mí. Acepto que somos seres humanos imperfectos, y que cada uno de nosotros tiene su propia historia y bagaje emocional.

Con afecto

Tu hijo

Meditación para conectar con tu infancia

Puedes escuchar esta meditación
en el pódcast de *Soltar para avanzar*.

Comienza por encontrar un lugar tranquilo donde puedas ponerte cómodo. Cierra los ojos suavemente y realiza varias respiraciones profundas para relajarte. Permítete soltar cualquier tensión o preocupación que puedas tener en este momento.

Visualiza ahora una luz cálida y brillante que te envuelve poco a poco. Siente que esa luz te rodea, te protege y te llena de amor y seguridad. Ahora, lleva tu atención a tu niño interior, esa versión joven de ti mismo que llevas dentro. Imagina a ese niño tal vez con la misma edad en la que compartías momentos especiales con tus padres en tu infancia. Está sonriendo, lleno de alegría y emoción.

Siente la conexión con ese niño interior. Nótalo dentro de ti, en tu corazón. Imagínate tendiendo las manos hacia él, acogiéndolo amorosamente. Permítete abrazarlo y decirle que estás aquí para él, que lo quieres y que siempre estarás presente.

A medida que abrazas a tu niño interior, siente que esa conexión se extiende también a tus padres. Visualiza a tus padres en su versión más amorosa y tierna. Observa cómo se acercan a ti y a tu niño interior con una sonrisa en el rostro. Permítete compartir un momento especial con tus padres en esta visualización; puede ser un recuerdo de un juego divertido, un abrazo cálido o simplemente estar juntos en un lugar tranquilo y feliz de tu infancia. Siente cómo la energía del amor y la felicidad fluye entre todos.

Observa cómo tus padres te miran con cariño y cómo interactúan con tu niño interior. Permítete recibir su amor y su apoyo incondicionales. Si hay algo que deseas decirles, algo que no te atreviste a expresar en el pasado, este es el momento de hacerlo. Habla desde el corazón y permite que tus palabras fluyan con libertad.

Siente que el amor y la energía positiva llenan todo tu ser. Siente que la conexión con tu niño interior y tus padres se fortalece a medida que compartes este momento especial juntos. Permanece en esta visualización el tiempo que desees, disfrutando de esta conexión y nutriendo tu niño interior. Cuando estés listo para concluir, agradece a tu niño interior y a tus padres este hermoso encuentro.

Abre paulatinamente los ojos y tómate un momento para asimilar los sentimientos y las emociones que han surgido durante la meditación. Lleva contigo este amor y esta conexión durante el día, y recuerda que puedes volver a conectarte con tu niño interior y tus padres en cualquier momento.

Que esta meditación te ayude a sanar y fortalecer la relación con tu niño interior y a encontrar una mayor conexión con tus padres, reviviendo la magia y el amor de tu infancia.

2

HERIDAS DE LA INFANCIA

Aunque las heridas emocionales no sean físicas en sentido literal, comparten similitudes importantes con ellas. Incluso cuando no sean visibles materialmente, las heridas emocionales pueden ser igual de dolorosas y dejar cicatrices duraderas.

Al igual que una herida física causa dolor físico, una herida emocional causa dolor psicológico; se ha demostrado científicamente que el cerebro no hace distinciones entre ambos y activa la misma zona cerebral. Puede ser un dolor intenso, profundo y persistente.

Con el paso del tiempo, las heridas físicas se convierten en cicatrices visibles, algo que también ocurre con las emocionales. Sin embargo, si estas heridas han sanado, las cicatrices ya no duelen.

Algunas heridas emocionales pueden requerir la ayuda de un profesional de la salud mental para facilitar el proceso de curación, junto con el apoyo social, el autoconocimiento y el autocuidado.

Otro aspecto que es preciso destacar es la sensibilidad que adquieren las heridas físicas al tacto. De manera similar, en una herida emocional puede haber una sensibilidad mayor ante determinadas situaciones que la conecten con la herida original. Es importante cuidar y proteger las heridas emocionales para evitar que empeoren. Es fundamental observar el daño que nos está causando, cómo nos afecta y qué emociones nos provoca.

En muchas ocasiones, no abordamos la herida emocional cuando se generó porque no queremos enfrentarnos a ello, porque estamos en modo automático o porque no éramos conscientes del impacto que estaba teniendo en nosotros.

Las heridas no tienen que ser necesariamente traumáticas o terribles; los golpes repetidos a lo largo del tiempo también pueden ser muy dolorosos. No se trata solo de «superarlas» o «dejarlas atrás» rápidamente; requieren tiempo, paciencia y compasión hacia uno mismo para que podamos sanar y aprender a vivir de manera saludable a pesar de las heridas emocionales que hemos experimentado.

> *Lo que generó esta herida forma parte de tu PASADO y ninguna de estas condiciones está vigente en el presente.*

¿No mirar al pasado evita que nos afecte?

Mantener un equilibrio entre reflexionar sobre el pasado, vivir plenamente en el presente y proyectarnos hacia un futuro saludable nos brinda la oportunidad de crecer, sanar y vivir una vida más significativa.

Mirar al pasado y reflexionar sobre nuestras experiencias puede ser importante para nuestro crecimiento y desarrollo personal; sin embargo, la forma en que nos relacionamos con el pasado y cómo nos afecta puede variar de una persona a otra.

Por un lado, es cierto que obsesionarse constantemente con el pasado y revivir una y otra vez sucesos dolorosos puede generar sufrimiento y dificultar nuestro bienestar emocional. Aferrarnos a resentimientos, culpas o arrepentimientos puede mantenernos atrapados en un ciclo negativo que no nos permita avanzar.

Por otro lado, ignorar por completo el pasado y simular que no ha tenido ninguna influencia en nuestra vida actual puede ser contraproducente. No mirar al pasado no significa que deje de afectarnos, porque sí nos afecta.

Al hacer esta reflexión es fundamental ser conscientes de cómo nos impacta el pasado y buscar formas saludables de procesar las emociones asociadas a esas experiencias. Esto puede implicar buscar apoyo terapéutico, practicar el perdón hacia nosotros mismos y hacia los demás, y cultivar la gratitud y el autocuidado.

En resumen, el manejo adecuado del pasado nos brinda la oportunidad de aprender, crecer y vivir de manera más plena y significativa.

Alicia y el abandono de su padre

Alicia era una joven tímida que, desde muy pequeña, vio su vida marcada por una herida emocional profunda: el abandono de uno de sus padres. Su padre, incapaz de asumir las responsabilidades de la paternidad, decidió marcharse sin dejar rastro cuando Alicia tenía apenas cinco años.

Este acto de abandono dejó una marca imborrable en ella. A medida que crecía, la herida se convertía en una presencia constante en su vida. Sentía un vacío interior, una sensación de rechazo y una profunda tristeza que la acompañaban a todas partes. Aunque su madre hizo todo lo posible por llenar el vacío dejado por su padre, Alicia anhelaba desesperadamente su amor y aprobación.

Este abandono tuvo consecuencias significativas en la vida de Alicia. Experimentaba una inseguridad constante y miedo al rechazo. Temía que las personas importantes en su vida la abandonaran de la misma manera en que lo había hecho su padre. Como resultado, se volvió cautelosa en sus relaciones, evitando entregarse completamente por temor a que la lastimaran de nuevo. Alicia también llevaba consigo una profunda sensación de falta de valía. Creía que, si ni siquiera su propio padre había querido quedarse a su lado, debía de haber algo intrínsecamente defectuoso en ella. Esa creencia distorsionada afectaba a su autoestima y la llevaba a buscar validación constante en los demás. Se esforzaba por ser perfecta en todos los aspectos de su vida.

En su vida adulta, Alicia encontraba dificultades para establecer límites saludables. A menudo se encontraba en relaciones desequilibradas, donde daba más de lo que recibía para evitar a toda costa el abandono. Perdía de vista sus propias necesidades y deseos, y colocaba a los demás antes que a ella misma. Esta dinámica solo reforzaba su sensación de falta de valía y perpetuaba el ciclo de abandono emocional.

Alicia sufrió una HERIDA DE ABANDONO.

La herida de abandono es una experiencia emocional dolorosa que ocurre cuando una persona siente que ha sido dejada o desatendida por alguien significativo en su vida. Esta herida puede surgir de diversas situaciones, como el abandono físico o emocional de un progenitor, la pérdida de una relación cercana o la ausencia de cuidado y atención emocional en la infancia.

¿Qué secuelas deja esta herida en la etapa adulta?

La herida de abandono puede dejar una cicatriz emocional profunda en la persona afectada y generar ansiedad por el miedo al abandono. Como consecuencia, se aíslan emocionalmente como mecanismo protector. También suele conllevar miedo al compromiso, desconfianza en los demás y dificultad para establecer límites en las relaciones.

Las personas con esta herida pueden desarrollar creencias negativas sobre sí mismas, como la sensación de no ser suficientes o no merecer amor y atención. Es decir, su autoestima está muy deteriorada. Por lo general, tienen tendencia a buscar aprobación constante y el amor de los demás, lo que las lleva a caer en relaciones codependientes y poco saludables.

Ejercicio de visualización para sanar la herida del abandono

**Puedes escuchar esta meditación
en el pódcast de *Soltar para avanzar*.**

Cierra poco a poco los ojos y comienza a respirar hondo. Siente que tu cuerpo se relaja con cada inha-

---

lación y exhalación. Te encuentras en un lugar tranquilo donde puedes explorar tus emociones de manera segura.

Imagina ahora que estás en una habitación luminosa y serena. A medida que tus ojos se adaptan a la luz, ves a alguien acercándose. Es la figura de la persona que te abandonó y se encuentra frente a ti en este momento. Observa los detalles de su apariencia, su mirada y su postura. Reconoce cualquier emoción que surja en tu interior mientras te encuentras cara a cara con esta figura.

Permítete sentir lo que necesites en este momento; tal vez sea tristeza, enojo, decepción o una mezcla de emociones. Permítele a cada emoción tener su espacio, sin juzgarla ni reprimirla.

Ahora imagina que tienes la oportunidad de hablar. Tómate un momento para expresar tus sentimientos y emociones de manera clara y respetuosa. Di lo que necesitas decirle a esta persona para sanar tu herida de abandono. Permítete ser sincero y auténtico en tus palabras.

Observa cómo la figura responde a tus palabras. Escucha con atención su respuesta, incluso aunque solo tenga lugar en tu imaginación. Permítete sentir lo que surja a partir de esa respuesta. Observa si hay algún cambio en tus emociones o en tu percepción de la situación.

Ahora imagina que puedes soltar cualquier resentimiento o carga emocional que hayas llevado contigo debido a este abandono. Visualiza que liberas este peso de tus hombros y nota que te sientes más ligero y liberado. Agradécele a esa persona esta oportunidad de expresarte y sanar. Permítete despedirte en tu mente sabiendo que has tenido un encuentro significativo. Regresa poco a poco al espacio presente. Abre los ojos y tómate un tiempo para asimilar esta experiencia de visualización. Recuerda que puedes repetir este ejercicio en cualquier momento que lo necesites para seguir sanando y liberando emociones relacionadas con la herida de abandono.

Jaime y el *bullying*

Jaime era un chico lleno de alegría y carisma, pero a partir de los seis años esa chispa que lo caracterizaba comenzó a apagarse poco a poco. Empezó a sufrir insultos y burlas constantes por parte de sus compañeros, quienes lo ridiculizaban en presencia de los demás. El acoso escolar se volvió una tortura diaria e hizo que ir al colegio se convirtiera en un sacrificio y una condena para él. No compartía esta situación con su familia para no preocuparlos, por lo que, cuando llegaba a casa, actuaba como si todo estuviera bien, ocultando todas las emociones dolorosas que le generaba esta situación. Con el tiempo, descubrió que eso era aún peor.

Jaime se sentía cada vez más aislado y avergonzado. La humillación constante afectaba a su autoestima y a su confianza en sí mismo. Empezó a creer en las palabras hirientes que le decían y se convenció de que era inferior y no merecía respeto. Sus logros y talentos quedaron opacados bajo el peso de la humillación, y se volvió retraído y temeroso de mostrarse tal como era.

A medida que Jaime crecía, las secuelas de haber vivido esta situación durante tantos años continuaban afectándole en la edad adulta. Desarrolló una fuerte ansiedad social, por lo que evitaba situaciones en las que pudiera sentirse expuesto o juzgado. Temía que lo ridiculizaran de nuevo y le costaba establecer relaciones íntimas e importantes. Su confianza en sí mismo seguía debilitada y se menospreciaba constantemente.

La humillación del pasado también tuvo un impacto en su carrera profesional. Jaime evitaba asumir puestos o desafíos que implicaran ser el centro de atención, pues temía el juicio y la crítica de los demás. A pesar de tener habilidades y potencial, se saboteaba a sí mismo y se conformaba con trabajos que no aprovechaban todo su talento.

Jaime y su historia estuvieron marcados por la HERIDA DE HUMILLACIÓN.

La herida de humillación se produce como resultado de una experiencia emocional traumática en la cual una persona es objeto de actos, palabras o situaciones que la degradan, ridiculizan o menosprecian. Esta forma de maltrato emocional deja una marca profunda en la autoestima y el bienestar psicológico de la persona afectada.

Esta herida puede surgir en diversos contextos, como la infancia (por ejemplo, a través del acoso escolar o *bullying*), en relaciones familiares disfuncionales, en relaciones de pareja abusivas o incluso en el entorno laboral. La humillación puede manifestarse de distintas formas, tales como insultos, burlas, menosprecio, desvalorización o la exposición pública de las debilidades o errores de la persona.

Esta experiencia puede generar sentimientos de vergüenza, culpa, indignidad y tener un impacto negativo en la autoimagen y la confianza en uno mismo. La persona puede desarrollar una autoestima baja, inseguridad, ansiedad social y dificultades para establecer relaciones saludables. Además, es posible que experimente un temor constante al juicio de los demás, lo que limitará su capacidad de expresarse y mostrarse auténtica.

¿Qué secuelas deja esta herida en la etapa adulta?

La herida de humillación puede tener un impacto significativo en las personas y manifestarse de forma diferente en cada una. En general, da lugar a una autoestima baja, ya que experimentan dudas constantes acerca de sus capacidades y su valía personal.

Puede generar también ansiedad social a consecuencia del miedo al rechazo y al juicio por parte de los demás. La ansiedad social también puede ser una consecuencia del miedo al rechazo y al juicio por parte de otras personas, que se hace más evidente en situaciones de interacción social. Esto puede llevarlas a evitar interacciones sociales o tener dificultades para establecer relaciones importantes. También puede resultarles complejo confiar en los otros y abrirse emocionalmente a ellos, por lo que, en consecuencia, les cuesta establecer conexiones profundas.

También sienten una necesidad de aprobación constante, buscan la validación permanente y el reconocimiento por parte de los demás para afirmar su propio valor. Suelen tener también un elevado miedo al fracaso, lo que les hace evitar asumir nuevos papeles o desafíos que los conducirían a un desarrollo personal y profesional mayor.

Por último, los sentimientos de vergüenza y culpa son comunes en personas que han experimentado humillación. Pueden sentirse avergonzadas de su pasado y culpables, y creer, de alguna manera, que merecían ser humilladas.

Ejercicio para sanar la herida de humillación

Busca un lugar tranquilo, en el que te sientas cómodo. Toma un cuaderno, papel y bolígrafos o lápices de colores, según tus preferencias.

Date unos minutos para reflexionar sobre la herida de humillación. Piensa en los detalles de la experiencia, cómo te afectó emocionalmente y las creencias negativas que surgieron a raíz de ella.

Imagina que estás escribiendo una carta dirigida a la persona que te humilló o a ti mismo en aquel momento. Escribe todo lo que sientes y todo lo que te gustaría expresar. Desahógate sin filtros y sin preocuparte por la gramática o la estructura de la carta.

Una vez que hayas terminado de escribir, date un momento para leerla en voz alta si te sientes cómodo haciéndolo. Luego, con total libertad, quema la carta de manera segura o destrúyela de alguna otra forma simbólica, como rasgándola en pedazos.

En una nueva página en blanco, crea un dibujo que represente afirmaciones positivas y empoderadoras relacionadas con tu autoestima y con la superación de la herida de humillación. Puedes dibujar símbolos, imágenes o palabras que te inspiren y te hagan sentir fortalecido.

Para terminar, utiliza los colores que te transmitan emociones positivas y que representen tu proceso de sanación. Mientras coloreas, concéntrate en las sensaciones y emociones que surgen, y siente la liberación y la curación en cada trazo.

Ingrid y las expectativas no cumplidas

Ingrid era una niña brillante y creativa, llena de vida y curiosidad. Sin embargo, su infancia estuvo marcada por una dolorosa herida de injusticia en el seno de su propia familia. Ingrid provenía de un hogar donde prevalecían las expectativas y los papeles de género tradicionales.

Desde muy joven, Ingrid demostró un gran talento para la música. Amaba cantar y componer sus propias canciones, pero sus padres, arraigados en convenciones sociales conservadoras, desestimaban su pasión y la instaban a enfocarse en actividades consideradas más «apropiadas para una niña».

A pesar de los intentos de Ingrid por compartir su amor por la música con su familia, sus padres la reprimían constantemente. Le decían que su único deber era estudiar y prepararse para un futuro académico exitoso. Cada vez que Ingrid alzaba la voz en sus canciones, la ignoraban o la reprendían.

Esta injusticia dejó una profunda herida en ella.

A medida que crecía, la herida se hizo más dolorosa y comenzó a afectar a su autoestima y a la confianza en sí misma. Se sintió incomprendida y atrapada en un mundo que no valoraba su verdadero ser.

En la adolescencia, Ingrid comenzó a rebelarse en silencio contra las expectativas de su familia. Empezó a escribir canciones en secreto y a buscar oportunidades para presentarse a pequeños certámenes locales. La música se convirtió en su válvula de escape, su forma de liberar las emociones contenidas y de encontrar consuelo en medio de la injusticia que vivía en su hogar.

La historia de Ingrid estuvo marcada por la HERIDA DE INJUSTICIA.

Se origina cuando un niño o una niña experimenta un trato desigual, injusto o excesivamente riguroso por parte de sus padres. Se ven marcados por las expectativas que tienen sus padres sobre ellos en busca de la perfección; produce en el niño un daño colateral, ya que nunca se sienten lo bastante buenos para sus padres, lo que provoca un sentimiento de inutilidad.

Esta herida puede manifestarse en diferentes contextos, como el ámbito familiar, social o laboral, y tiene lugar cuando alguien percibe tratos desiguales o injusticias que afectan de manera negativa a su vida. Estas situaciones generan una serie de emociones intensas, como indignación, ira, frustración, tristeza e impotencia.

También puede afectar a la forma en que la persona se relaciona con los demás y con la sociedad en general. Puede suscitar desconfianza, resentimiento y un sentimiento de aislamiento hacia aquellos que infligieron la injusticia. Además, influye en la forma en que la persona se relaciona con los demás y origina dificultades para confiar en ellos o para establecer relaciones emocionalmente saludables. También puede manifestarse en patrones de comportamiento perfeccionistas y rígidos.

¿Qué secuelas deja esta herida en la etapa adulta?

Las experiencias de injusticia repetidas o prolongadas dejan una huella profunda en la autoimagen y afectan a la confianza en uno mismo y en las habilidades propias.

La primera consecuencia es una autoestima baja y falta de confianza en uno mismo. La persona puede cuestionar su valía y sentirse inferior o inadecuada. Pueden surgir sentimientos intensos de ira y rencor hacia quienes causaron o perpetuaron la injusticia. Estos sentimientos pueden perdurar en el tiempo y afectar a las relaciones y la calidad de vida de la persona. También suelen experimentar un temor elevado a experimentar nuevas injusticias, lo que provoca en ellos una actitud a la defensiva constante, rígida y con poca confianza en los demás, lo que dificulta las relaciones interpersonales. Otros conflictos que pueden experimentar son la necesidad de tenerlo todo bajo control, la autoexigencia elevada y la incapacidad de pedir ayuda; son incapaces de mostrar vulnerabilidad.

Por último, la herida de injusticia puede despertar un sentido profundo de justicia y un deseo de equidad en la persona. Pueden volverse más conscientes de las desigualdades y buscar activamente la promoción de la justicia en su entorno y en la sociedad en general.

Ejercicio
Para sanar la herida de injusticia

Toma un papel y un bolígrafo y haz una lista de las experiencias de injusticia que has vivido en el pasado. Enumera los detalles clave de cada situación.

Una vez que hayas terminado la lista, en una hoja de papel independiente reescribe cada experiencia desde una perspectiva distinta. Imagina cómo te gustaría que hubieran sucedido esas situaciones, cómo te habría gustado que te trataran y cuál habría sido, a tu parecer, la actuación ideal por parte de los demás.

Enfócate en la resolución positiva y en cómo te habría gustado sentirte en esas situaciones alternativas. Puedes incluir detalles sobre el apoyo, la comprensión y la justicia que te habría gustado recibir.

Después de reescribir cada experiencia, reflexiona sobre las diferencias entre la situación real y la situación idealizada. Observa cómo te sientes al imaginar las situaciones de manera más positiva y justa.

A medida que reflexionas, reconoce que, aunque no puedes cambiar el pasado, puedes cambiar la forma en que interpretas y enmarcas esas experiencias en tu vida presente y futura. Reconoce que tienes el poder de cambiar la narrativa de tu historia y enfocarte en el crecimiento y la resiliencia, en lugar de en la injusticia vivida.

Por último, guarda tus escritos en un lugar seguro. Puedes releerlos en momentos en que necesites recordarte a ti mismo la nueva perspectiva que estás construyendo.

Experiencia de injusticia vivida	Perspectiva diferente

Andrea y el cambio de vida

Andrea era una niña alegre y enérgica que vivía en un barrio pequeño. Siempre había sido una niña feliz, llena de curiosidad y ganas de explorar el mundo que la rodeaba. Disfrutaba de jugar al aire libre y pasar tiempo con otros niños de su edad.

Sin embargo, un día todo cambió para ella: su familia se mudó a una urbanización de la periferia.

Cuando intentó unirse a un grupo de niños que jugaban en la urbanización, la recibieron con miradas frías y palabras hirientes. Cada vez que intentaba unirse a ellos para jugar le decían que no podía participar porque ya tenían su propio grupo de amigos y no la necesitaban. Ella se sentía sola cada vez que bajaba a jugar.

Este acto de rechazo dejó una herida profunda en su corazón. Andrea se sintió desalentada, triste y rechazada. No entendía por qué los otros niños no querían jugar con ella. Se preguntaba qué había hecho mal y por qué no era lo bastante buena para ser parte de su grupo.

A partir de ese día, la niña se volvió más tímida y reservada. Le resultaba difícil confiar en otros y se alejaba de las interacciones sociales. Evitaba acercarse a otros grupos de niños por temor a que la rechazaran de nuevo. Se sentía como si llevara una etiqueta invisible que decía «no pertenezco».

La historia de Andrea estuvo marcada por la HERIDA DE RECHAZO.

La herida de rechazo se crea cuando una persona experimenta situaciones en las que se siente excluida, no aceptada o no valorada por otros. La intensidad y la duración de estas experiencias pueden variar y pueden producirse en diferentes ámbitos de la vida, como en relaciones personales, amistades, entorno laboral o social.

La herida de rechazo se crea a partir de las emociones negativas y los pensamientos asociados a la experiencia de sentirse rechazado. Estos sentimientos pueden incluir tristeza, vergüenza, humillación, ira, confusión y autoestima baja. La persona puede interpretar el rechazo como una señal de que no es lo bastante buena, digna o valiosa.

La herida de rechazo puede ser resultado de diferentes situaciones, como ser excluido de un grupo, ser objeto de burlas, críticas o maltrato emocional, o experimentar el abandono de personas significativas en la vida. Estas experiencias pueden dejar una marca profunda en la persona y afectar a su percepción de sí misma, su confianza en los demás y su capacidad para establecer relaciones saludables.

Es importante tener en cuenta que la herida de rechazo no está necesariamente causada por un defecto o un fallo personal de la persona afectada. El rechazo puede ser resultado de factores externos, como prejuicios, dinámicas sociales o incompatibilidades. Sin embargo, la forma en que se interpreta y se interioriza el rechazo puede contribuir a la creación y perpetuación de la herida emocional.

Cada persona puede experimentar la herida de rechazo de manera única y el impacto emocional puede perdurar a lo largo del tiempo si no se aborda y se sana de forma adecuada. Buscar apoyo emocional, trabajar en la autoestima, desarrollar habilidades de afrontamiento y establecer límites saludables son aspectos importantes para sanar la herida de rechazo y fomentar el bienestar emocional.

¿Qué secuelas deja esta herida en la etapa adulta?

Una de las secuelas principales es una autoestima baja. El rechazo repetido o prolongado puede hacer que la persona se sienta menos valiosa y que desarrolle una percepción negativa de sí misma. Esta falta de autoestima puede influir en la confianza en las habilidades propias y limitar el potencial de la persona en diferentes áreas de su vida.

Además, el rechazo en la niñez puede generar inseguridad y un temor constante a ser rechazado de nuevo. Esto puede afectar a la forma en que la persona se relaciona con los demás en la edad adulta y dificultar la capacidad para establecer vínculos saludables y confiar en los otros. Puede haber una tendencia a mantenerse a distancia y evitar el acercamiento emocional por miedo al rechazo.

La herida de rechazo también puede llevar a la persona a desarrollar una autoexigencia y un perfeccionismo excesivos. Buscará constantemente la aprobación de los demás y se esforzará al máximo para evitar un rechazo nuevo. Esta necesidad de ser perfecto puede generar niveles altos de estrés y dificultades para disfrutar de los logros personales.

Asimismo, el rechazo en la niñez puede afectar a la autoconfianza y la toma de decisiones. La persona puede dudar de sus propias habilidades y tener dificultades para confiar en su criterio. Puede depender en gran medida de la validación externa y no ser capaz de tomar decisiones por sí misma.

Ejercicio
Para sanar la herida de rechazo

Haz una lista con todas las creencias negativas sobre ti mismo que han surgido a raíz del rechazo y trabaja en reemplazarlas por creencias más positivas y realistas. Cuestiona esas creencias y busca pruebas que las contradigan. Escribe afirmaciones positivas y repítelas a diario para reforzar una autoimagen más saludable.

Creencias negativas sobre ti mismo que proceden de esta herida.	Creencias más positivas y realistas.
Ej.: «No sirvo para nada».	«Todavía no he encontrado lo que me gusta y motiva y por eso no me salen las cosas como espero».

Aquí te dejo algunas afirmaciones positivas que pueden ayudarte en tu día a día:
Soy fuerte.
Soy capaz.
Soy valiente.

La amistad de Enrique y Miguel marcada por la traición

Enrique era un chico tímido y reservado, con una mirada llena de curiosidad y un corazón ansioso por conectar con los demás. Desde muy joven anhelaba encontrar una amistad verdadera que lo acompañara en su camino. Un día, en el parque cercano a su casa, conoció a Miguel, un chico extrovertido y carismático que irradiaba alegría y confianza.

Desde ese momento se volvieron inseparables. Pasaban horas juntos compartiendo risas, secretos y aventuras. Enrique al final encontró en Miguel el amigo que tanto anhelaba, alguien en quien confiar y con quien sentirse aceptado.

Sin embargo, a medida que Enrique crecía, comenzó a notar cambios sutiles en la actitud de Miguel. Su amigo, antes leal y solidario, se volvió más distante y reservado. Las risas se volvieron menos frecuentes y las conversaciones íntimas se tornaron escasas. Enrique se sentía confundido y preocupado, no entendía qué había sucedido para que su amistad cambiara de esa manera.

Un día, Enrique se encontraba en su habitación cuando oyó una conversación en voz baja proveniente de fuera. Se acercó sigilosamente y oyó a Miguel hablando con otros amigos, revelando secretos personales de Enrique y burlándose de ellos. Enrique se sintió traicionado; había pisoteado su confianza.

La herida de traición afectó profundamente a Enrique. La confianza que había depositado en Miguel se desmoronó y su autoestima se vio muy afectada. Comenzó a dudar de su propio valor y se sumergió en una espiral de autocrítica y autoestima baja. La traición de su amigo lo llevó a cuestionar su capacidad para que los demás lo amaran y lo aceptaran.

Enrique se volvió más cauteloso en sus relaciones, se guardaba sus verdaderos sentimientos y pensamientos bajo una fachada de fortaleza. Desarrolló una desconfianza generalizada hacia los demás y evitaba abrirse emocionalmente y establecer vínculos profundos por miedo a una nueva traición. El impacto de la deslealtad de Miguel se extendió hasta su vida adulta y afectó a su capacidad para forjar relaciones saludables y duraderas.

La historia de Enrique estuvo marcada por la HERIDA DE TRAICIÓN.

La herida de traición por lo general se crea cuando una persona experimenta una ruptura de confianza significativa en una relación cercana, ya sea en una amistad, en una relación romántica o en una relación familiar. Esta herida puede surgir en diferentes momentos de la vida y puede tener un impacto duradero en la persona afectada.

La traición puede manifestarse de diversas formas, como la infidelidad en una pareja, la revelación de secretos o confidencias, la decepción profunda causada por un amigo cercano o incluso la traición de un familiar. Con independencia de la forma que adopte, la traición rompe el vínculo de confianza y genera un profundo dolor emocional.

¿Qué secuelas deja esta herida en la etapa adulta?

La herida de traición puede dejar secuelas significativas en la vida de una persona. Puede generar una pérdida de confianza en los demás, lo que dificulta la formación de relaciones íntimas y cercanas en el futuro. La persona puede volverse más cautelosa y reservada, y mantener una barrera emocional para protegerse de posibles traiciones adicionales.

Además, la herida de traición puede generar sentimientos intensos de dolor, ira, resentimiento y desconfianza. Estos sentimientos pueden persistir a lo largo del tiempo y afectar a la forma en que la persona percibe el mundo que la rodea y se relaciona con él. También puede generar dificultades para perdonar y dejar atrás el dolor causado por la traición.

Ejercicio
Para sanar la herida de traición
El arte como medio para expresar las emociones

Crea un ambiente tranquilo y acogedor en el que te sientas cómodo para expresarte de manera creativa. Puedes elegir un lugar de tu casa donde te sientas inspirado y tranquilo.

Reúne diferentes materiales artísticos, como papel, lienzos, pinturas, lápices de colores, acuarelas, pinceles, tijeras, revistas para recortar o pegamento, entre otros. Asegúrate de tener una variedad de opciones para que puedas elegir los que te apetezcan más.

Tómate unos momentos para reflexionar sobre tu experiencia de traición. Identifica las emociones, los pensamientos y las sensaciones que te vienen a la mente. Trata de recordar detalles importantes y cómo te han afectado a lo largo del tiempo.

Elige el material con el que te sientas más a gusto y comienza a expresar tu experiencia de traición a través del arte. Permítete ser espontáneo y no juzgarte. Puedes dibujar, pintar o crear un *collage* utilizando imágenes, palabras o símbolos que representen tus emociones y pensamientos relacionados con la traición.

Una vez que hayas completado tu creación artística, tómate un tiempo para observarla con detenimiento. Observa los colores, las formas y los elementos que has utilizado. Reflexiona sobre lo que te transmite y cómo se relaciona con tu experiencia de traición. ¿Qué emociones y pensamientos te evoca? ¿Hay algún mensaje o significado oculto?

Aprovecha este momento para reflexionar sobre los aprendizajes y la sabiduría que has obtenido a través de esta experiencia creativa. Piensa en cómo puedes aplicar estos aprendizajes en tu vida diaria, cómo puedes sanar y encontrar la fortaleza para seguir adelante.

Recuerda que este proceso de expresión emocional a través del arte es personal y único para cada individuo. No hay respuestas correctas o incorrectas, ya que se trata de explorar y expresar tus propias emociones y experiencias.

¿PUEDO HACER ALGO CON ESTAS HERIDAS EMOCIONALES MAL PROCESADAS?

Como en cualquier herida física que se ha infectado, tenemos que destaparla, quitar lo que está contaminando y dejar que el curso de la vida le permita volver a cicatrizar, y con ello deje de doler.

Cuando te des cuenta de que tienes heridas emocionales mal procesadas, será importante que recuerdes que aún cuentas con el poder de sanar y transformar tu dolor. Aunque pueda parecer abrumador y, en ocasiones, necesitemos el acompañamiento de un profesional, hay tareas concretas que puedes hacer para abordar estas heridas y comenzar el proceso de curación.

Reconocer y aceptar la existencia de estas heridas emocionales es el primer paso para sanarlas. Es crucial que no las ignores ni las minimices, sino que te permitas sentir y aceptar el dolor emocional que llevas contigo.

> *Estas heridas son parte de tu historia, pero no te definen como persona.*

Reflexiona y analiza en qué te está afectando esa herida, qué patrones de tu comportamiento están influidos por esa experiencia, qué emociones y pensamientos te genera.

Otra parte esencial es trabajar la autoestima: desafía las creencias negativas sobre ti mismo que surgieron a raíz de esa herida. Identifica tus cualidades y fortalezas, y trabaja en el desarrollo de una imagen positiva de ti. Puedes buscar afirmaciones positivas, practicar la gratitud, etc.

El autocuidado también es una parte fundamental en este proceso de sanación. Dedica tiempo y energía a cuidar de ti mismo. Establece una rutina de autocuidado que incluya actividades que te proporcionen alegría y alivio emocional, como hacer ejercicio con regularidad, disfrutar del tiempo al aire libre, practicar *hobbies* que te gusten, leer libros inspiradores o escuchar música relajante. Presta atención a tus necesidades y bríndate a ti mismo el amor y la compasión que necesitas.

Otro punto esencial es reconocer, validar y gestionar tus emociones de forma saludable. Algunas técnicas que pueden ayudarte son la respiración profunda, la meditación, la visualización o el mindfulness. Todas ellas te ayudarán a calmar la mente y el cuerpo, y fomentarán tu estabilidad emocional.

Todas las heridas que hemos mencionado antes tienen como consecuencia el sentimiento de rencor hacia aquellos que nos provocaron estas heridas. Es crucial considerar el perdón como una parte integral del proceso de sanación. El perdón no implica justificar o aceptar el comportamiento dañino de los demás, sino liberarte de la carga emocional que llevas. Trabaja en el perdón hacia aquellos que puedan haber contribuido a tus heridas emocionales, lo cual puede incluir perdonarte a ti mismo. Este es un proceso gradual y personal que te permitirá liberar resentimientos y abrir espacio para el crecimiento y la curación.

Otro denominador común a todas las heridas es la dificultad para establecer relaciones saludables, ya sea por la desconfianza para conocer a personas nuevas o por la permisividad o incapacidad a la hora de establecer límites. Para ello es fundamental trabajarlo de manera consciente. Rodéate de personas que te brinden amor, comprensión y respeto. Comienza a establecer límites en esas relaciones y a decir «no» cuando no puedas hacer algo o no te apetezca. Recuerda que tú debes ser tu máxima prioridad y tus amistades y parejas deben entenderlo.

La sanación emocional lleva tiempo y es un proceso único para cada individuo. Sé paciente contigo mismo. Permítete sentir y experimentar las emociones a medida que surgen. No te presiones para sanar rápido o alcanzar una resolución inmediata. Sé amable y compasivo contigo mismo durante todo el proceso y date permiso para avanzar a tu propio ritmo. Rodéate de tus personas refugio, que te dan ese apoyo emocional, y, si es algo que te está afectando mucho y crees que lo necesitas, busca apoyo profesional con un psicólogo que te acompañe en este proceso. Te ayudará a identificar patrones de pensamiento y comportamiento que pueden estar relacionados con tus heridas, y te proporcionará herramientas y técnicas específicas para procesar y sanar.

¿QUÉ PUEDO HACER MÁS ESPECÍFICAMENTE CON CADA UNA DE LAS CINCO HERIDAS DE LA INFANCIA?

Es importante tener en cuenta que la vivencia y las secuelas que dejan las heridas pueden variar en intensidad y manifestación en cada individuo, y, por lo tanto, su proceso de sanación también será distinto. Somos individuos, todos diferentes, con nuestra propia historia de vida, nuestras propias características personales y un entorno distinto para cada uno de nosotros. No te compares con otras personas que hayan pasado por situaciones parecidas y sientas que no padecen ningún tipo de consecuencia, ya que ellos tienen sus propias circunstancias y además cada uno libra su propia batalla interna que, en muchas ocasiones, no se muestra al exterior.

Rechazo	• Practica la autocompasión. • Rodéate de personas que te valoren y te acepten tal como eres.
Abandono	• Aprende a confiar en los demás y en ti. • Identifica y cuestiona los patrones de abandono en tus relaciones. • Trabaja la autonomía y la automotivación.
Humillación	• Construye una imagen positiva de ti. • Practica la autenticidad y el amor propio. • Aprende a perdonarte a ti mismo y a liberarte de la vergüenza pasada. • Atrévete a enfrentarte a retos nuevos, confía en tu valía.
Traición	• Cultiva la empatía y la compasión. • Aumenta tu círculo social a medida que te sientas cómodo.
Injusticia	• Trabaja en lo que puedes controlar y lo que no. • Cultiva la empatía y la compasión, en muchas ocasiones la vida es muy injusta.

3

RECUERDOS IMBORRABLES

En nuestra historia de vida hay ciertos recuerdos que podemos describir a la perfección; da igual los años que hayan pasado, que el espacio temporal no hace mella en su recuerdo. Puede que fueras muy pequeño cuando tuviste esa vivencia, pero se quedó grabada en tu memoria y te acompaña como un satélite.

Estos recuerdos imborrables se quedan grabados de manera profunda en la mente. Son experiencias o momentos que dejaron una marca emocional o significativa en nuestra vida y que, a pesar del paso del tiempo, no se desvanecen con facilidad.

Pueden ser tanto positivos como negativos. Acontecimientos como un cumpleaños memorable, una graduación, un viaje inolvidable, un momento de éxito o cualquier otra vivencia que nos haya dejado una huella positiva.

Por otro lado, los negativos pueden ser difíciles de superar y a menudo se asocian con acontecimientos como la pérdida de un ser querido, un accidente, un momento de gran sufrimiento o una situación traumática.

La característica principal de los recuerdos imborrables es que se mantienen en nuestra memoria de forma vívida, con detalles nítidos y una carga emocional intensa. Podemos recordarlos con facilidad, incluso después de muchos años, y desencadenan emociones intensas al revivirlos.

¿POR QUÉ SON TAN IMPORTANTES?

Los recuerdos imborrables son como hilos que tejen la tela de nuestra identidad trazando los contornos de quiénes somos y de dónde venimos. Cada uno de ellos es una pincelada en el lienzo de nuestra vida, nos da forma y moldea nuestra perspectiva del mundo.

La importancia de estos recuerdos radica en que nos ayudan a comprender nuestra propia historia y a definirnos como individuos. Son como un espejo que refleja nuestras vivencias, nuestras alegrías y nuestros desafíos. Nos enseñan lecciones valiosas, nos muestran nuestras fortalezas y debilidades, y nos permiten crecer y evolucionar a lo largo del tiempo.

Además, los recuerdos imborrables tienen el poder de mantener vivos a los que ya no están físicamente con nosotros. Son como ventanas al pasado, a través de las que podemos revivir momentos compartidos con seres queridos que han partido. Estos recuerdos se convierten en un legado emocional que nos acompaña y nos brinda consuelo cuando sentimos su ausencia.

Asimismo, desempeñan un papel importante en nuestras relaciones interpersonales. Cuando compartimos estos recuerdos con otros, establecemos lazos más profundos y nos conectamos a nivel emocional. Compartir experiencias y recordar juntos fortalece los vínculos y construye puentes entre las personas.

En definitiva, los recuerdos imborrables son pilares fundamentales en la construcción de nuestra identidad y en la comprensión de nuestra historia personal. Nos definen, nos nutren y nos enriquecen emocionalmente. Son tesoros que atesoramos y, cada vez que los revivimos, recordamos de dónde venimos y quiénes somos.

¿POR QUÉ SE HACEN IMBORRABLES?

Los recuerdos imborrables de las vivencias se forman a través de un proceso de codificación y consolidación en nuestra memoria. Durante la codificación, la información de la experiencia se registra y se convierte en un código que nuestro cerebro puede almacenar. Este proceso implica prestar atención y concentrarse en el momento presente, lo que permite que la experiencia se procese de manera significativa. Si la vivencia tiene un impacto emocional intenso o es relevante para nosotros a nivel personal, es más probable que se codifique como un recuerdo imborrable.

Después de la codificación inicial, los recuerdos deben

consolidarse en el sistema de memoria a largo plazo. Durante la consolidación se producen en el cerebro cambios neuroquímicos y estructurales que estabilizan y fortalecen la memoria. Se establecen conexiones sinápticas entre las neuronas implicadas en el recuerdo, lo que facilita su recuperación posterior.

¿Qué influye para que pase esto?

Hay diversos factores que influyen en la formación de recuerdos imborrables de vivencias. Uno de los aspectos más relevantes es la intensidad emocional asociada a la experiencia. Las emociones fuertes, ya sean positivas o negativas, tienen el poder de dejar una huella profunda en nuestra memoria. Los recuerdos ligados a momentos de gran alegría, amor apasionado o miedo abrumador tienden a perdurar en nuestra mente más tiempo. Estas emociones activan sistemas cerebrales y neurotransmisores que fortalecen la consolidación del recuerdo.

Otro factor clave es la relevancia personal de la vivencia. Cuando una experiencia tiene un significado profundo para nosotros, ya sea por su impacto en nuestras metas, valores o identidad, es más probable que se codifique y se consolide como un recuerdo imborrable. La importancia que le asignamos a una vivencia influye en la atención y el enfoque que le dedicamos, lo cual facilita su grabación en la memoria. Cuando nos encontramos plenamente presentes y nos implicamos de manera activa en una vivencia, tenemos más posibilidades de retener los detalles y las emociones asociados. La concentración y la atención plena contribuyen a la formación de recuerdos más duraderos.

La repetición y la práctica son elementos que refuerzan la formación de recuerdos imborrables. Permiten una mayor consolidación en la memoria a largo plazo. La revisión frecuente de la información o la repetición de la experiencia contribuyen a su fortalecimiento en nuestra memoria.

Además, las asociaciones y conexiones que establecemos también influyen en la formación de recuerdos imborrables. Nuestro cerebro tiende a establecer vínculos entre los diferentes elementos de una vivencia, como personas, lugares, estímulos sensoriales, entre otros. Estas conexiones ayudan a reforzar la memoria asociada a la vivencia y contribuyen a que perdure en el tiempo.

Es importante destacar que la formación de recuerdos imborrables puede variar de una persona a otra, ya que cada individuo tiene su propia manera de procesar y retener la información. Los factores individuales, como la genética, las experiencias previas y la salud mental, también pueden influir en la formación y duración de los recuerdos imborrables.

¿QUÉ CARACTERÍSTICAS TIENEN LOS RECUERDOS IMBORRABLES?

¿CÓMO INFLUYEN ESTOS RECUERDOS?

Los recuerdos imborrables positivos tienen un impacto poderoso en nuestra vida y dejan una huella en lo más profundo de nuestro ser. Son esos momentos que se agarran a nuestra alma con fuerza y nos transportan a un pasado vívido y emocionante.

Cuando evocamos esos recuerdos imborrables, nuestras emociones se despiertan con intensidad. La alegría rebosa en nuestros corazones, la tristeza nos abraza con fuerza, la nostalgia se mezcla con una dulzura melancólica y la emoción nos embarga. Estas emociones nos conectan con nuestra humanidad y nos recuerdan que estamos vivos.

Estos recuerdos imborrables van más allá de simples instantes en el tiempo. Moldean nuestra identidad y nuestro sentido de nosotros mismos. Son fragmentos de nuestra historia personal, hilos que se entrelazan en la tela de nuestra vida y nos ayudan a comprender quiénes somos en lo más profundo de nuestro ser. Son los cimientos de nuestra narrativa personal, los pilares de nuestras creencias y valores.

En cada uno de estos recuerdos imborrables yace una lección valiosa. Son maestros silenciosos que nos enseñan y nos guían en nuestro camino. Nos enseñan a través de los errores que cometimos, los obstáculos que superamos y los triunfos que alcanzamos. Son nuestras piedras de toque, nos recuerdan cómo afrontar los desafíos futuros y cómo abrazar nuevas oportunidades.

Estos recuerdos nos motivan y nos impulsan a seguir adelante. Nos llenan de inspiración y nos dan el impulso para perseguir nuestras metas y sueños más profundos. Son el fuego que arde en nuestro interior, que aviva nuestra determinación y alimenta nuestra pasión. Nos recuerdan que podemos lograr grandes cosas y que nuestro potencial es ilimitado.

Además, estos recuerdos fortalecen nuestras relaciones interpersonales. Son hilos invisibles que nos unen a las personas que compartieron esas vivencias con nosotros. Al recordar esos momentos compartidos sentimos una conexión especial, una complicidad que trasciende el tiempo y el espacio. Estos recuerdos nos acercan a los demás y crean lazos indestructibles de amor, amistad y compañerismo.

En cada uno de esos recuerdos imborrables encontramos una chispa de vida que ilumina nuestra existencia. Nos llenan de emociones, nos enseñan lecciones valiosas, nos motivan a seguir adelante y nos conectan con los demás. Son los fragmentos que dan forma a nuestra historia y, aunque el tiempo pase, permanecerán para siempre en nuestro corazón.

Los recuerdos imborrables negativos pueden dejarnos cicatrices emocionales profundas, como heridas que se niegan a sanar. Son esas experiencias dolorosas que se clavan en lo más hondo de nuestro ser y generan consecuencias que van más allá de lo que podemos imaginar.

Cuando evocamos esos recuerdos sentimos que el corazón se aprieta con angustia y el alma se estremece de dolor. Es como si nos arrastraran de nuevo a esos momentos oscuros y reviviéramos el sufrimiento y la desesperación una y otra vez. Las emociones nos abruman, inundan nuestro ser con una enorme tristeza, una ira que quema en lo más profundo o un miedo paralizante que nos envuelve.

Estos recuerdos pueden convertirse en un peso sobre nuestros hombros, en una sombra que nos persigue sin descanso. El trauma emocional que causan puede afectar a nuestra salud mental y a nuestro bienestar de manera profunda y duradera. Nos atrapan en una red de pensamientos negativos, alimentan nuestra ansiedad y nos sumergen en la oscuridad de la depresión.

El impacto de estos recuerdos puede llegar incluso a manifestarse en trastornos de estrés postraumático (TEPT), una cicatriz invisible que deja huellas profundas en nuestro ser. Los recuerdos intrusivos se apoderan de nuestra mente como una tormenta implacable que no nos permite descansar. Las pesadillas nos persiguen mientras dormimos y los *flashbacks* nos transportan de vuelta a la escena del dolor, como si el tiempo se hubiera detenido en ese instante de horror.

La evitación se convierte en nuestro escudo de defensa y nos aleja de todo lo que pueda recordarnos esas experiencias traumáticas. Buscamos refugio en la soledad, en la desconexión del mundo exterior, tratando de protegernos de cualquier amenaza potencial. Sin embargo, esta estrategia nos aleja de las relaciones y de las oportunidades de crecimiento personal, y nos deja atrapados en una jaula de aislamiento y soledad.

El impacto emocional de estos recuerdos puede ser abrumador y erosionar nuestra autoestima y nuestra confianza en nosotros mismos. Nos sentimos atrapados en un bucle de dolor y sufrimiento sin saber cómo liberarnos de esas cadenas invisibles que nos atan al pasado.

Si te encuentras en esta situación con algún recuerdo que te está generando mucho impacto, busca apoyo y ayuda profesional para superarlo. A través de la terapia podemos encontrar el camino hacia la recuperación y el crecimiento. Aunque estos recuerdos no pueden borrarse por completo, podemos aprender a sanar y a encontrar la fuerza para seguir adelante transformando el dolor en fortaleza y la oscuridad en luz.

LA PERSPECTIVA DEL RECUERDO LO CAMBIA TODO

Era una mañana soleada y Lucas y Ana se preparaban en la playa para su primera clase de surf. Ambos eran principiantes y se sentían emocionados ante la idea de deslizarse sobre las olas. Sin embargo, ambos vivieron la experiencia de forma completamente distinta.

Lucas, con su espíritu aventurero, estaba lleno de energía y curiosidad. Sentía una emoción indescriptible mientras sostenía la tabla de surf y escuchaba con atención las instrucciones del monitor. Cada palabra era una puerta abierta hacia un mundo desconocido pero emocionante. Con una sonrisa en el rostro, se lanzó al agua y comenzó a nadar con determinación.

El proceso de aprender a surfear fue una montaña rusa de emociones positivas para Lucas. Cada caída era un aprendizaje y cada intento fallido solo aumentaba su determinación. Sentía que el agua lo abrazaba y le brindaba una sensación de libertad y conexión con la naturaleza. Cada vez que se levantaba en la tabla, su corazón se llenaba de júbilo y regocijo. Cada pequeño logro era un triunfo y la satisfacción que sentía al mantenerse de pie sobre la tabla era inigualable.

Por otro lado, Ana, aunque también emocionada por la experiencia, se encontraba nerviosa y ansiosa. Cada vez que miraba las olas romper en la orilla, la invadía una sensación de temor. A medida que se acercaba al agua, su confianza comenzaba a desvanecerse y los pensamientos negativos se apoderaban de su mente. Sin embargo, estaba decidida a enfrentar sus miedos y darlo todo en su primera clase.

Para Ana, el proceso de aprender a surfear fue una montaña rusa de emociones negativas. Cada caída la hacía dudar de sí misma y el agua la atrapaba en un torbellino de ansiedad. Sentía que las olas la empujaban y dominaban, dejándola sin aliento y desorientada. Cada intento de ponerse de pie en la tabla era frustrante y el miedo al fracaso se hacía más fuerte con cada prueba.

A pesar de los esfuerzos del monitor por motivarla y enseñarle técnicas, Ana se sentía abrumada por la situación. El mar se volvía un enemigo implacable y el miedo la paralizaba. Cada vez que caía, una sensación de pánico se apoderaba de ella, le recordaba sus propias limitaciones y alimentaba sus dudas.

Mientras Lucas seguía disfrutando de su progreso y se sumergía en la emoción de cada nueva ola, Ana se sentía agotada y emocionalmente drenada. Al final, Ana decidió salir del agua; se sentía derrotada y decepcionada con ella misma. La experiencia fue significativa para ambos, pero en direcciones contrarias. Para Lucas supuso encontrar una gran pasión, una forma de expresión personal; sin embargo, para Ana se convirtió en una fuente de angustia y dejó una huella profunda en su confianza y autoestima, y en su vinculación con el mar.

Eso sí, ambos aprendieron que el surf no solo consiste en dominar las olas, sino también en escuchar sus propias emociones y respetar sus límites.

Como hemos podido leer en esta historia, un mismo recuerdo puede vivirse desde prismas totalmente distintos. Mientras para uno puede ser un momento memorable y enriquecedor, para otro puede convertirse en algo traumático y desafiante. Esta dualidad de experiencias nos muestra la complejidad de la mente humana y cómo nuestras perspectivas individuales moldean nuestras vivencias.

Es asombroso cómo dos personas pueden estar presentes en un mismo lugar y tiempo, compartiendo una experiencia en apariencia idéntica, pero interpretándola de manera tan dispar. Nuestros pensamientos, emociones, temores y antecedentes personales influyen de manera significativa en cómo percibimos y experimentamos los acontecimientos.

En el caso de Lucas, el surf se convirtió en una fuente de alegría y empoderamiento. Cada caída, cada ola superada le brindaba un sentimiento de logro y valentía. Sentía la energía del océano como una sinfonía que lo envolvía mientras su espíritu libre se fusionaba con la naturaleza en un baile en armonía. Para él, el surf era una oportunidad para explorar sus límites, desafiar sus miedos y encontrar una conexión profunda consigo mismo y con el entorno.

Por otro lado, Ana se enfrentó a un desafío completamente distinto. El surf desencadenó una cascada de emociones negativas y miedos arraigados en su interior. Cada caída era un recordatorio de su vulnerabilidad y sus inseguridades. El agua agitada se convirtió en un símbolo de peligro y las olas se transformaron en monstruos amenazantes. Para ella, el surf se convirtió en una batalla contra sus propios demonios internos, una experiencia que desgastó su confianza y dejó cicatrices emocionales.

Esta dualidad nos invita a reflexionar sobre la subjetividad de nuestros recuerdos y cómo nuestra interpretación puede moldear la realidad. Cada uno de nosotros posee una historia única y una visión particular del mundo.

Es importante recordar que, aunque nuestras vivencias sean distintas, debemos respetar y aceptar los sentimientos de los demás. Cada experiencia es válida y significativa en su propia forma. A través del entendimiento y la empatía, podemos aprender a valorar las diferentes perspectivas y enriquecernos mutuamente.

En definitiva, esta historia nos enseña que la forma en que vivimos y recordamos los momentos de nuestra vida está intrínsecamente ligada a nuestra individualidad. Los recuerdos son tesoros preciados y, aunque nuestras vivencias y emociones puedan modelarlos, nos ayudan a construir nuestra identidad y a comprender la riqueza de la experiencia humana en toda su diversidad.

Ejercicio
Narrando un recuerdo

Narra un recuerdo que te apetezca en forma de historia; puedes hacerlo en primera persona o en tercera, contando la historia como si fueras un espectador. Aporta los máximos detalles para transportarte a ese recuerdo. Si has escogido uno positivo, permite que las emociones positivas te envuelvan mientras lo relatas. Si, por el contrario, has optado por un recuerdo negativo, utiliza tu habilidad para la redacción y transforma esa experiencia en un relato que permita encontrar lecciones valiosas. ¡Siente el poder de las palabras mientras das vida a esta historia!

_____

_____

_____

_____

_____

_____

_____

_____

_____

_____

_____

_____

_____

_____

_____

_____

_____

4

DULCIFICANDO RECUERDOS

Las vivencias de Daniel ancladas en un pasado idealizado

Daniel era un chico introvertido y reflexivo, con una mirada que revelaba una mezcla de anhelo y añoranza. Desde muy pronto se construyó una imagen idealizada de su infancia y adolescencia, donde todo parecía perfecto y sin preocupaciones. Cada vez que miraba hacia atrás, sus recuerdos brillaban con un resplandor dorado y evocaban una sensación de nostalgia y felicidad.

A medida que Daniel crecía, ese anhelo por revivir el pasado se intensificaba. Pasaba horas navegando por fotografías viejas, escuchando canciones que le recordaban momentos pasados y tratando de recrear situaciones que una vez le habían proporcionado alegría. Su mente estaba obsesionada con la idea de que la felicidad residía solo en etapas pasadas.

Sin embargo, esta obsesión comenzó a afectar a su presente. Daniel siempre estaba insatisfecho con su vida actual. Comparaba cada experiencia y relación con los estándares imaginarios que había creado en su mente. Cada vez que algo no cumplía con esas expectativas irreales, se sentía decepcionado y desilusionado.

Sus amigos intentaban animarlo, le recordaban que el pasado no era perfecto y que la vida seguía adelante. Pero Daniel se resistía a aceptarlo. Estaba atrapado en una trampa emocional, era incapaz de disfrutar con plenitud de su presente debido a su obsesión con el pasado.

¿Te sientes identificado con la historia de Daniel? ¿Alguna vez has notado que tus recuerdos tienden a tomar un tono más brillante con el paso del tiempo? Es como si una capa de dulzura se extendiera sobre ellos y los hiciera parecer más vibrantes y llenos de encanto. Esta idealización del pasado crea una brecha entre nuestras percepciones y la realidad presente, y nos atrapa en una ilusión que puede impedirnos disfrutar plenamente el aquí y el ahora.

Con la dulcificación de los recuerdos saboreamos los momentos más agradables y emocionantes, generamos un contraste con nuestro presente y con ello perpetuamos la creencia de que las cosas fueron mejores en el pasado; como consecuencia, distorsionamos la realidad. Al idealizar el pasado, corremos el riesgo de menospreciar lo que tenemos en el presente y perdernos todo lo bueno que nos rodea. Para disfrutar plenamente del presente, necesitamos encontrar un equilibrio entre la dulzura de los recuerdos y una perspectiva realista.

LA NOSTALGIA, UN ARMA DE DOBLE FILO

La nostalgia es un fenómeno psicológico complejo que implica sentimientos de añoranza por el pasado y la recuperación emocional de recuerdos y experiencias pasadas. Se caracteriza por una mezcla de tristeza y placer al recordar eventos, lugares o personas con los que nos hemos visto relacionados personalmente. La nostalgia pueden desencadenarla diferentes factores, como la música, los olores, las fotografías o incluso ciertos lugares. Ejerce un impacto poderoso en nuestras percepciones y emociones. Puede influir en cómo vemos el presente y el futuro, y también en cómo nos relacionamos con los demás.

La nostalgia cumple varias funciones psicológicas. En primer lugar, puede proporcionar consuelo emocional al recordar momentos felices y hacernos sentir una conexión con nuestro pasado. También puede ayudarnos a mantener una sensación de continuidad y coherencia en nuestra identidad al recordar nuestras experiencias pasadas y cómo han contribuido a quienes somos en el presente. Además, la nostalgia puede tener un efecto regulador en nuestras emociones, ya que puede ayudarnos a lidiar con la soledad, el estrés o la incertidumbre al proporcionar un refugio emocional en recuerdos agradables.

La nostalgia pueden desencadenarla varios factores. La música es uno de los principales, puesto que ciertas canciones pueden transportarnos a momentos específicos de nuestra vida y evocar emociones intensas. Los olores también pueden ser poderosos desencadenantes de la nostalgia, ya que están estrechamente ligados a la memoria emocional. Además, las fotografías, los objetos significativos y los sitios familiares pueden incentivar los sentimientos de nostalgia al recordar eventos y personas del pasado.

Como he mencionado, la nostalgia tiende a llevarnos a recordar selectivamente los aspectos positivos del pasado y a olvidar los desafíos y las dificultades. Esto se conoce como el «efecto de memoria positiva». Al idealizar el pasado, podemos crear una imagen distorsionada de que todo era mejor comparado con nuestra situación actual. Es importante tener en cuenta que esta idealización puede ser subjetiva y no reflejar necesariamente la realidad completa de nuestras experiencias pasadas.

La nostalgia puede influir en nuestra manera de percibir el presente y el futuro. Al comparar de forma negativa nuestra situación actual con un pasado idealizado, podemos experimentar insatisfacción y descontento. Esto dificulta nuestra capacidad para apreciar las oportunidades y experiencias que tenemos en el presente, así como para establecer metas y expectativas realistas para el futuro. Es importante encontrar un equilibrio entre recordar con cariño el pasado y estar abierto a las posibilidades que el presente y el futuro pueden ofrecer.

La nostalgia nos ofrece ciertos beneficios emocionales, como consuelo y sentido de continuidad. Puede fortalecer nuestra identidad, fomentar la conexión social y motivarnos a buscar formas de recrear o revivir momentos positivos. Sin embargo, también debemos ser conscientes de los posibles desafíos de la nostalgia selectiva, como idealizar el pasado y perder de vista las oportunidades y los desafíos del presente.

En general, la nostalgia es un fenómeno complejo que puede tener un impacto significativo tanto positivo como negativo en nuestras percepciones, emociones y relaciones. Comprender su influencia nos permite ser conscientes de cómo afecta a nuestra visión del pasado, el presente y el futuro, y nos brinda la oportunidad de cultivar una perspectiva equilibrada y realista.

¿Cuáles son las consecuencias de idealizar el pasado?

En primer lugar, la idealización constante del pasado genera insatisfacción en nuestra vida actual. Al comparar continuamente nuestra realidad presente con una versión distorsionada y perfecta del pasado, nos volvemos incapaces de apreciar y disfrutar por completo de lo que tenemos en el momento actual. Siempre estamos buscando algo que nunca podremos alcanzar, perpetuando así un sentimiento de insatisfacción constante.

Además, la idealización del pasado conlleva comparaciones negativas que perjudican a nuestra autoestima. Al medirnos con nosotros mismos y nuestras circunstancias actuales y compararnos con una versión idealizada del pasado, nos sentimos inferiores y en desventaja. Esta actitud nos lleva a subestimar nuestros logros y experiencias actuales, ya que siempre los comparamos con un estándar superior en nuestra mente. Como resultado, experimentamos tristeza, frustración y sensación de estancamiento.

La idealización también puede impedirnos reconocer y afrontar los desafíos y dificultades del pasado. Al centrarnos solo en los aspectos positivos y agradables, perdemos de vista la realidad completa de nuestra historia personal. Ignoramos los obstáculos superados, las lecciones aprendidas y el crecimiento experimentado. Esta falta de reconocimiento y comprensión puede distorsionar nuestra perspectiva y dificultar nuestra capacidad para lidiar con los desafíos actuales de manera efectiva.

Otra de las consecuencias es el estancamiento y la falta de crecimiento. Al aferrarnos a la nostalgia y resistirnos a los cambios y oportunidades del presente y el futuro, nos limitamos a nosotros mismos. Nos volvemos reacios a salir de nuestra zona de confort y a explorar nuevas posibilidades. En lugar de aceptar y abrazar el presente, nos quedamos anclados en una visión idealizada del pasado que nos impide desarrollarnos y evolucionar como individuos.

Es fundamental ser conscientes de estos peligros asociados a la idealización del pasado. Si bien es natural recordar los momentos felices y significativos, debemos hacerlo desde una perspectiva equilibrada y realista.

Daniel y su despertar de la idealización del pasado

Un día, durante una conversación con su abuela, Daniel compartió sus sentimientos de añoranza y su dificultad para encontrar la felicidad en el presente. Su abuela, una mujer sabia y comprensiva, lo escuchó atentamente y luego le habló con suavidad pero con firmeza.

«Querido Daniel —dijo su abuela—. Es natural recordar con cariño los momentos felices del pasado. Pero no puedes vivir en esos recuerdos. La vida sigue adelante y cada etapa tiene su propia belleza y oportunidad. El pasado te ha moldeado, pero no debe definirte ni limitar tu capacidad de disfrutar el presente».

Las palabras de su abuela resonaron en lo más profundo de su ser. Poco a poco, Daniel comenzó a reflexionar sobre su situación. Se dio cuenta de que su idealización del pasado no solo le impedía disfrutar del presente, sino que también estaba distorsionando sus recuerdos. Recordó situaciones desafiantes y momentos de tristeza que había enterrado en su búsqueda de una perfección ilusoria.

Con valentía, Daniel decidió hacer un cambio. Comenzó a practicar la atención plena y a dirigir de manera consciente su enfoque hacia el presente. Aprendió a saborear las pequeñas alegrías y a encontrar gratitud en los momentos cotidianos. Se permitió experimentar nuevas aventuras y relaciones sin la pesada sombra de los recuerdos.

Poco a poco, Daniel comenzó a apreciar las oportunidades y maravillas que le ofrecía el presente. Se dio cuenta de que la vida no estaba limitada a un solo periodo de tiempo, sino que era una serie de momentos interconectados, cada uno con su propio valor y significado. Aprendió a valorar su pasado como una parte importante de su historia, pero también a abrazar el presente con una perspectiva nueva.

A medida que Daniel se liberaba de su aferramiento al pasado, fue invadiéndolo una sensación de ligereza y libertad. Se dio cuenta de que vivir con plenitud en el presente no significaba renunciar a los recuerdos, sino permitirse ser feliz en el aquí y el ahora. Comenzó a construir nuevas memorias significativas aprovechando cada experiencia con una nueva apreciación y gratitud.

Desde entonces, se convirtió en un ejemplo de

cómo soltar la idealización del pasado y encontrar la felicidad en el presente. Compartió su historia con quienes luchaban contra situaciones similares, alentándolos a vivir con plenitud, a soltar las cadenas del pasado y a abrazar las oportunidades que les tendía el presente. Daniel entendió que la vida seguía su curso, y estaba decidido a vivir cada día con una perspectiva renovada y el corazón abierto.

¿CÓMO PUEDO CONTRARRESTAR LA IDEALIZACIÓN DEL PASADO?

Para contrarrestar la idealización del pasado y mantener una perspectiva más equilibrada y realista, puedes implementar diversas estrategias. En primer lugar, practica la gratitud en el presente. Enfócate en reconocer y apreciar todo lo positivo de tu vida actual evitando la comparación constante con un pasado idealizado.

Otro aspecto importante es tomar consciencia de los desafíos y dificultades a los que te enfrentaste en el pasado. Recuerda que no todo era perfecto y que también hubo momentos difíciles. Reflexiona sobre las lecciones aprendidas y el crecimiento personal que experimentaste en esas situaciones. Reconocer los obstáculos superados te permitirá manejar una perspectiva más realista y completa de tu historia personal.

Evita compararte constantemente; en lugar de confrontar tu situación actual con una versión idealizada del pasado, concéntrate en tu propio progreso y crecimiento personal. Establece metas realistas y trabaja hacia ellas sin preocuparte por cómo se relacionan con tus logros pasados. Recuerda que cada etapa de la vida tiene sus propias oportunidades y desafíos únicos.

Crea nuevos momentos significativos en el presente. En lugar de vivir en el pasado, busca activamente experiencias y momentos que te resulten reveladores en tu vida actual. Participa en actividades que te apasionen, establece conexiones con personas importantes en tu vida y busca nuevas oportunidades de crecimiento y aprendizaje. Al enfocarte en el presente, puedes construir una vida plena y satisfactoria.

Por último, busca un equilibrio entre el pasado y el presente. Aprecia los recuerdos y las experiencias positivas del pasado, pero evita aferrarte a ellos en exceso. Acepta que el pasado forma parte de tu historia, pero reconoce que también tienes la capacidad de crear un futuro emocionante y representativo. Encuentra un equilibrio saludable entre recordar con cariño el pasado y vivir plenamente en el presente.

Al poner en marcha estas estrategias, podrás contrarrestar la idealización del pasado y adoptar una perspectiva más equilibrada y realista. Apreciarás las experiencias y oportunidades que tienes en el presente mientras te abres a nuevas posibilidades de crecimiento y felicidad.

Ejercicio para cultivar la gratitud
Diario de gratitud

Una forma efectiva de cultivar la gratitud es mantener un diario. Anota todos los días las cosas por las que te sientes agradecido en el presente. Esto te ayudará a mantener el enfoque en el ahora y a evitar que la idealización del pasado nuble tu visión de las experiencias positivas actuales.

Querido lector, el pasado puede haber sido maravilloso, pero no te permitas caer en la trampa de menospreciar el presente por esa ilusión. En cambio, te invito a que saborees cada momento, encuentres la belleza en las pequeñas cosas y aprecies lo que tienes en este instante. ¡Despierta del encanto del pasado y descubre la dulzura que el presente tiene reservada para ti!

5

EL PASADO PASADO ESTÁ

La metáfora de las balsas y la mariposa

Había una vez un río caudaloso que fluía con fuerza a través de un bosque exuberante. Este río llevaba consigo las aguas cristalinas de la vida, pero también cargaba en sus corrientes los recuerdos del pasado. En su trayecto, arrastraba pequeñas balsas que representaban las experiencias vividas por las personas que se encontraban en su camino.

Cada balsa estaba llena de recuerdos, algunos dulces y alegres, como flores multicolores, mientras que otros eran oscuros y pesados como rocas sumergidas en lo más profundo. Estas balsas flotaban a lo largo del río, incapaces de escapar de su abrazo, arrastrando consigo el peso del pasado.

Un día, una mariposa de colores vivos se posó en una de las balsas. La mariposa era símbolo de transformación y libertad, y con su presencia trajo un mensaje de esperanza. Decidió hablar con las balsas y les susurró al oído: «El pasado pasado está y, aunque te aferres a él, el río no se detendrá. Pero tú tienes el poder de soltar y dejar ir lo que ya no te sirve».

Las balsas, intrigadas por las palabras de la mariposa, comenzaron a reflexionar sobre su carga. Se dieron cuenta de que llevar el peso del pasado solo les impedía flotar con ligereza y disfrutar del viaje por el río de la vida. Decidieron soltar las rocas y los escombros que habían acumulado a lo largo del tiempo y dejar espacio para que las nuevas experiencias pudieran abordar sus balsas.

A medida que las balsas soltaban su carga, se volvían más livianas y ágiles. Empezaron a danzar sobre las aguas del río siguiendo el curso natural de la corriente. Descubrieron que, al soltar el pasado, se abrían a la belleza del presente y la promesa del futuro.

La mariposa continuó su vuelo y visitó una por una las balsas a lo largo del río. Gracias a su visita las balsas aprendieron a soltar el pasado y a fluir con la corriente de la vida. Y así, mientras el río continuaba su eterno fluir, las balsas se convertían en testimonios de superación y resiliencia. Brindaban inspiración a todos aquellos que las observaban y les recordaban que el pasado no define el destino y que, al soltar lo que ya fue, pueden encontrar la verdadera libertad en el presente y navegar hacia un futuro lleno de posibilidades infinitas.

La importancia del pasado en nuestra vida

El pasado tiene un impacto poderoso en nuestra vida. Cada experiencia que vivimos, cada encuentro, cada obstáculo superado o fracaso experimentado deja una huella profunda en nuestra mente y corazón. El pasado nos moldea de manera que a veces ni siquiera somos conscientes de ello.

Nuestras creencias, perspectivas y comportamientos actuales son el resultado directo de nuestras vivencias pasadas. Las experiencias positivas nos brindan confianza, nos enseñan lecciones valiosas y nos inspiran a seguir adelante, mientras que los desafíos y las adversidades pueden dejarnos cicatrices emocionales y generar miedos, inseguridades o patrones de pensamiento limitantes.

A menudo, nuestras primeras interacciones con el mundo y las relaciones significativas que hemos tenido, sobre todo durante nuestra infancia y adolescencia, influyen en la forma en que nos percibimos a nosotros mismos y a los demás. Si hemos experimentado amor, apoyo y aceptación, es probable que tengamos una autoestima saludable y una visión optimista de la vida. Por otro lado, las experiencias traumáticas o disfuncionales pueden generar creencias negativas sobre nosotros mismos y el mundo que nos rodea.

Es importante reconocer que el pasado no define nuestro futuro de manera absoluta. Aunque las experiencias pasadas nos han moldeado, también tenemos la capacidad de tomar conciencia de estas influencias y desafiar las creencias limitantes que nos impiden crecer y alcanzar nuestro potencial.

La reflexión sobre nuestro pasado nos permite comprender cómo nuestras experiencias han influido en nuestra forma de ser y actuar en el presente. Al hacerlo, podemos identificar patrones dañinos, reconstruir creencias negativas y aprender de las lecciones que el pasado nos ha enseñado.

Recuerda que, aunque el pasado tenga un impacto significativo en nuestra vida, no es un destino fijo. Tenemos la capacidad de sanar heridas emocionales, cambiar nuestras perspectivas y construir un futuro más positivo. A través de la autoexploración podemos encontrar la fortaleza y la resiliencia necesarias para liberarnos de las cadenas del pasado y forjar un camino nuevo y empoderador hacia el bienestar emocional y el crecimiento personal.

El peso del pasado

El peso del pasado es una carga que muchos de nosotros acarreamos. Aferrarse a lo que ya no podemos cambiar puede convertirse en una carga emocional y mental que nos impida avanzar y encontrar la felicidad en el presente. Cuando nos aferramos a los errores pasados, nos atormentamos con sentimientos de culpa y arrepentimiento. Nos castigamos repetidamente por nuestras acciones pasadas y revivimos una y otra vez los momentos en los que creemos haber fallado. Este ciclo de autocrítica constante nos limita y nos impide crecer y desarrollarnos como personas. Nos priva de la oportunidad de aprender de nuestros errores y de utilizar esas lecciones para tomar decisiones más sabias en el presente.

Los acontecimientos traumáticos también pueden dejar una huella profunda en nosotros. El dolor y el sufrimiento que experimentamos en el pasado pueden seguir afectándonos en el presente suscitando miedos, inseguridades y dificultades para confiar en los demás. Estas experiencias pueden limitar nuestro crecimiento personal y nuestra capacidad para encontrar la felicidad y la plenitud en nuestra vida.

Es importante reconocer que el pasado ya no se puede cambiar. Los errores cometidos y los eventos traumáticos sucedieron, y no podemos retroceder en el tiempo para alterarlos. Sin embargo, lo que sí podemos hacer es cambiar la forma en que nos relacionamos con ellos.

Aceptar nuestras imperfecciones y errores pasados y

perdonarlos es fundamental para liberarnos de su peso. El perdón, tanto hacia nosotros mismos como hacia los demás, nos permite soltar las emociones negativas que nos atan al pasado y abrirnos a nuevas experiencias y oportunidades en el presente. Al hacerlo, nos abrimos al crecimiento personal y nos permitimos encontrar la felicidad y la plenitud en nuestra vida.

Al embarcarnos en un proceso de sanación emocional, al explorar y procesar nuestras experiencias pasadas, descubrimos una fuerza y resiliencia que nos capacita para liberarnos del peso que llevamos y abrazar una vida más plena en el presente.

Recuerda que el pasado pasado está y no podemos cambiarlo, pero sí podemos modificar nuestra perspectiva y la forma en que nos relacionamos con él. Aprendamos de nuestras experiencias pasadas, crezcamos a partir de ellas y permitámonos encontrar la felicidad y el crecimiento personal en el presente.

SOLTAR EL PASADO PARA AVANZAR EN EL PRESENTE

En nuestro viaje de sanación y crecimiento personal, nos encontramos con la necesidad vital de soltar y perdonar las experiencias pasadas. Aferrarnos a los hechos y emociones pasados nos impide avanzar y nos ata a un ciclo interminable de dolor y resentimiento.

Es en el acto de soltar donde encontramos la libertad. Al soltar, liberamos el peso emocional que llevamos a cuestas y nos abrimos a la posibilidad de un presente más ligero y lleno de esperanza. El pasado ya no se puede cambiar y aferrarnos a él solo nos mantiene estancados en un tiempo que ya no existe. Al soltar nos liberamos de las cadenas que nos atan a recuerdos dolorosos y nos damos permiso para avanzar.

El perdón juega un papel fundamental en este proceso. El perdón hacia los demás nos libera del resentimiento y la amargura que nos impiden vivir con plenitud. No significa olvidar o justificar las acciones que nos han lastimado, sino más bien soltar el poder que esas acciones tienen sobre nosotros. Al perdonar, elegimos liberarnos de la carga emocional y abrir el corazón a la posibilidad de paz y reconciliación.

Sin embargo, el perdón más difícil y poderoso es el perdón hacia nosotros mismos. A menudo nos culpamos y nos castigamos por nuestras propias acciones pasadas, y creamos un ciclo de autodesprecio y remordimiento, pero al perdonarnos a nosotros mismos nos damos la oportunidad de sanar y crecer. Reconocemos que somos seres imperfectos y merecedores de compasión y amor. Al perdonarnos, liberamos el peso de la culpa y nos permitimos avanzar hacia una vida más plena y significativa.

El proceso de soltar y perdonar puede ser desafiante y requiere valentía y autocompasión. Requiere confrontar las emociones difíciles, abrirnos a la vulnerabilidad y permitirnos sanar. Pero al hacerlo nos liberamos de la prisión del pasado y abrimos las puertas hacia un futuro lleno de posibilidades.

Al soltar y perdonar nos regalamos la oportunidad de vivir en el presente, de abrir nuestro corazón a nuevas experiencias y relaciones, y de encontrar la paz interior y la felicidad genuina. Nos liberamos de las ataduras que nos limitan y nos permitimos florecer en nuestra plenitud. En este acto de amor hacia nosotros mismos encontramos la fuerza y la libertad para ser quienes de verdad queremos ser.

La importancia de vivir plenamente el presente

Vivir plenamente en el presente es un regalo que a menudo pasamos por alto. En un mundo lleno de distracciones y preocupaciones constantes es fácil perderse en los remordimientos del pasado. Sin embargo, enfocarnos en el presente nos brinda la oportunidad de aprovechar cada momento y encontrar la verdadera alegría en nuestra vida.

En el presente es donde podemos crear nuevos recuerdos, forjar conexiones significativas y cultivar la felicidad. Es en el ahora donde podemos tomar decisiones conscientes y actuar de acuerdo con nuestros valores y metas. Al estar presentes, podemos saborear cada experiencia, sumergirnos en las emociones y encontrar gratitud por lo que tenemos en este momento.

Vivir plenamente en el presente no significa que debamos olvidar por completo el pasado o ignorar nuestras responsabilidades futuras. Más bien consiste en encontrar un equilibrio entre aprender del pasado y planificar para el futuro mientras nos sumergimos en la plenitud de cada instante presente.

El presente es el único momento que tenemos asegurado. Aprovechémoslo al máximo disfrutando de las risas, amando intensamente, aprendiendo de las lecciones que se nos presentan y cultivando la gratitud por cada experiencia que la vida nos regala.

Enfócate en el presente, abraza su belleza y deja que sus momentos te envuelvan en una sensación de calma y plenitud. La vida se vive en el ahora y solo cuando estamos verdaderamente presentes podemos encontrar la verdadera alegría y el significado de cada paso de nuestro camino.

Ejercicio
Dejar ir y estar presente

Puedes escuchar esta meditación en el pódcast de *Soltar para avanzar*.

Encuentra una postura cómoda, ya sea en una silla o en el suelo, con las piernas cruzadas. Cierra los ojos poco a poco y comienza por realizar algunas inhalaciones y exhalaciones profundas para relajarte y centrarte en el momento presente.

Imagina que estás en un lugar tranquilo, rodeado de serenidad y calma, permitiendo que todos los sonidos y distracciones del exterior se desvanezcan lentamente; dirige tu atención hacia dentro.

Ahora, en tu mente, visualiza una caja frente a ti. Imagina que es una caja hermosa y personalizada. Puedes ver su forma, tamaño y material; simboliza todos los recuerdos y experiencias pasados que has llevado contigo.

A medida que observas la caja, párate un instante para recordar los momentos pasados que han estado afectándote. No juzgues estos recuerdos ni te aferres a ellos, simplemente obsérvalos como si fueran fotografías o películas en tu mente. Toma cada recuerdo y colócalo con cuidado dentro de la caja.

Una vez que hayas colocado todos los recuerdos en la caja, ciérrala con suavidad. Observa cómo la tapa se ajusta a la perfección y siente cómo liberas el peso emocional que estos recuerdos han tenido sobre ti. Haz una pausa para respirar hondo y afirmar para ti mismo: «Estoy soltando el pasado y abriendo espacio para el presente».

Ahora, dirige toda tu atención al momento presente. Pon los cinco sentidos en la observación del entorno, presta atención a los sonidos, las sensaciones físicas de tu cuerpo y el ambiente que te rodea. Aprecia los detalles y las pequeñas cosas que por lo general pasan inadvertidas.

Mientras te enfocas en el presente, es posible que

surjan pensamientos o emociones relacionados con el pasado. Permíteles estar presentes, pero no los alimentes ni los juzgues. En cambio, suéltalos poco a poco, como si fueran hojas que caen con suavidad al agua y se desvanecen en el horizonte.

Con cada inhalación, siente cómo te conectas más profundamente con el momento presente. Observa cómo tu cuerpo se relaja y tu mente se aquieta. Permítele a tu atención descansar en las sensaciones de tu respiración, en la calma y la quietud que se encuentran en este instante.

A medida que te sumerges en la experiencia del presente, comienza a apreciar los detalles y las pequeñas maravillas que te rodean. Siente la suavidad del aire en la piel y el agradable murmullo de los sonidos que te envuelven.

Y cuando estés listo abre despacio los ojos y tómate un momento para estirarte y volver a conectar con el entorno. Lleva contigo la sensación de calma y presencia que has cultivado durante esta práctica. Recuerda que en muchas ocasiones tienes la opción de regresar a este estado de consciencia y plenitud en el presente en cualquier momento del día. Agradécete haber dedicado este tiempo a tu bienestar emocional y crecimiento personal.

A medida que practiques este ejercicio con regularidad, te darás cuenta de cómo te vuelves más consciente de tus pensamientos y emociones en el momento presente. Verás que tienes la capacidad de soltar lo que ya no te sirve y de dirigir la atención hacia las oportunidades y las experiencias actuales.

Recuerda que soltar el pasado y estar presente requiere práctica y paciencia. No te desanimes si encuentras resistencia o si tus pensamientos vuelven una y otra vez al pasado. Permítete ser amable contigo mismo y sigue cultivando la habilidad de vivir el presente con plenitud.

SEGUNDA PARTE

EL PRESENTE

6

LAS CADENAS DEL PRESENTE

El PRESENTE, ese lugar donde cuerpo y mente convergen, donde nuestras experiencias y acciones cobran vida. Es el punto de unión entre el pasado que ya no existe y el futuro que aún no ha llegado. Parece obvio que deberíamos tener atención plena en el presente; sin embargo, nuestra mente suele divagar hacia preocupaciones, expectativas que no se cumplen, relaciones interpersonales que no nos aportan, etc.

Otro aspecto que nos desconecta del presente es el hecho de vivir en un mundo hiperconectado, donde las nuevas tecnologías y las redes sociales nos brindan un acceso constante a una multitud de estímulos externos, lo que, como consecuencia, hace que nos encontremos desconectados del momento presente.

Seguro que te has encontrado en situaciones en las que has vivido alguna experiencia como si lo vieras todo a través de una cámara, perdiéndote los colores, el contacto con la gente, los sonidos del entorno o el campo de visión, reduciendo todo ello a solo una pantalla.

O puede que también te hayas encontrado en una mesa con amigos y cada uno estuvierais con el teléfono, sumergidos en una realidad paralela y no centrados en disfrutar de la conversación y la compañía.

Esto también ocurre cuando nos sumergimos en nuestras preocupaciones, en nuestras inseguridades, en nuestros miedos; todo esto hace que vivamos en automático, hacia dentro de nosotros mismos, encerrados en esa realidad, en nuestra realidad, que en muchas ocasiones está alejada de la verdadera.

¿QUÉ CONSECUENCIAS TIENE VIVIR DESCONECTADO DEL MOMENTO PRESENTE?

Esta desconexión puede tener consecuencias diversas en nuestra experiencia diaria. En primer lugar, limita nuestra capacidad de disfrutar por completo de los momentos presentes y apreciar las pequeñas cosas que nos rodean. Atender constantemente el teléfono, las redes sociales o las preocupaciones nos impide saborear las conversaciones, los paisajes, las interacciones sociales y otras experiencias en tiempo real. Nos perdemos los matices sutiles de la vida y nos alejamos de la riqueza sensorial que nos ofrece el presente.

La desconexión del presente también puede tener un impacto en nuestras relaciones interpersonales. Cuando estamos inmersos en nuestras preocupaciones o en la tecnología, no estamos de verdad presentes para los demás. Nuestras interacciones pueden carecer de una conexión auténtica.

¿VIVES EN AUTOMÁTICO?

¿Verdad que en ocasiones sientes que haces las cosas por inercia? Incluso que llegas a un lugar y no sabes ni describir el camino, o que tienes muy marcadas unas rutas, por ejemplo, conduciendo, y si cambias de trayecto acabas cogiendo el recorrido de siempre y ni siquiera te das cuenta hasta que ha pasado un poco de tiempo. Todas estas situaciones son fruto de VIVIR EN AUTOMÁTICO.

La expresión «vivir en automático» se refiere a estar inmerso en una rutina repetitiva y mecánica en la que las acciones y decisiones se toman de manera inconsciente y sin reflexión. Nos movemos en este estado sin prestar atención plena a nuestras experiencias, emociones y relaciones.

Cuando vivimos en automático, nuestras acciones las impulsan hábitos y respuestas automáticos a estímulos externos. Ejecutamos nuestras tareas diarias de manera mecánica, sin cuestionar si son de verdad lo que queremos o si nos están llevando hacia nuestros objetivos y deseos personales.

Este estado puede surgir debido a la comodidad de la familiaridad y la resistencia al cambio. Nos aferramos a nuestras rutinas y patrones establecidos porque nos resultan cómodos y familiares, incluso aunque no nos satisfagan plenamente. Además, las demandas y presiones de la vida moderna pueden llevarnos a caer en la automatización, ya que estamos la mayor parte del tiempo con ocupaciones, y simplemente seguimos adelante sin detenernos a reflexionar sobre nuestras elecciones.

Vivir en automático hace que, en ocasiones, pasemos por alto las señales de alerta de que algo no está bien en nuestra vida, puesto que estamos demasiado absortos en la inercia de la rutina diaria.

No todo es negativo en la automatización de la vida: nuestro cerebro está cableado para automatizar tareas rutinarias y cotidianas, lo que nos permite atenderlas de manera más eficiente y liberar recursos cognitivos para otras actividades más complejas.

La clave está en encontrar un equilibrio entre la automatización necesaria y la atención plena en nuestra vida. Tomar conciencia de nuestras acciones y decisiones, cuestionar nuestras rutinas y hábitos. Estar presentes en cada momento nos permite romper el ciclo de la automatización y recuperar el control consciente.

¿CÓMO PODEMOS TOMAR MÁS CONSCIENCIA DEL MOMENTO PRESENTE?

Para vivir prestando más atención al presente es importante cultivar la conciencia y la atención plena.

La conciencia nos ayuda a reconocer cuándo la mente se

ha ido por un camino distinto y nos permite redirigir la atención al momento presente. Cultivar la conciencia implica sintonizar con nuestras emociones, escuchar nuestras necesidades y deseos, y tomar decisiones deliberadas alineadas con nuestros valores y metas. Requiere una mayor atención y esfuerzo, pero también nos brinda la oportunidad de vivir una vida más auténtica, significativa y gratificante.

La atención plena implica ser conscientes de nuestros pensamientos, emociones y sensaciones corporales sin juzgarlos, lo que nos permite estar más presentes en nuestras experiencias diarias. Se puede comenzar con ejercicios más simples de respiración consciente e ir incrementando poco a poco la dificultad de la práctica conforme vayamos aumentando la tolerancia. Algunas disciplinas, como el yoga, la meditación o el taichí, también contribuyen a cultivar la atención plena.

Otras prácticas que pueden ayudarnos en esa conexión con el aquí y el ahora, y con la toma de conciencia con la realidad, son la observación y la atención a los sentidos, pues conectamos con toda la información sensorial que nos llega a través de ellos.

Reflexionar sobre los pensamientos, las emociones y nuestras acciones también nos ayuda a tomar conciencia, a preguntarnos por qué llevamos a cabo ciertas acciones y si estas marchan en sintonía con nuestros valores y creencias.

Asimismo, la conexión con la naturaleza es fundamental para ayudarnos a conectar con el entorno y nos ayuda a recordar la presencia y el esplendor del mundo real.

Para terminar, establecer límites en el uso de dispositivos electrónicos nos ayudará a enfocarnos en las interacciones humanas, las actividades creativas y las experiencias directas del día a día.

Recuerda que cultivar la conciencia de la realidad es un proceso gradual y requiere práctica constante. No te preocupes si tu mente divaga o te resulta difícil estar del todo presente al principio. Con tiempo y perseverancia, puedes desarrollar una conciencia mayor y disfrutar de una vida más plena y auténtica.

Cuando reconocemos la importancia del presente y cultivamos la atención plena, podemos descubrir una riqueza inigualable en las experiencias diarias, apreciar las pequeñas maravillas que nos rodean y conectar de manera más auténtica con nosotros mismos y con los demás.

El presente es el lienzo en blanco en el que escribimos nuestra vida y, al acogerlo, podemos encontrar una mayor paz, plenitud y significado en nuestra vida.

Ejercicio
Paseo con atención plena

¡Un paseo con atención plena es una práctica excelente para conectarte con el entorno y estar presente en el momento! Aquí tienes un ejercicio para llevar a cabo durante tu paseo:

- Antes de comenzar el paseo, tómate un momento para centrarte y establecer tu intención de practicar la atención plena durante el recorrido. Respira hondo y relaja el cuerpo y la mente.
- Inicia el paseo a un ritmo cómodo. A medida que caminas, enfócate en las sensaciones de tus pies al tocar el suelo. Siente la presión, el contacto y el movimiento de cada paso. Mantén la atención en las sensaciones físicas del acto de caminar.
- A medida que avanzas, lleva tu atención al entorno. Observa los detalles de tu entorno natural o urbano. Presta atención a los colores, las formas y los patrones que te rodean. Nota los sonidos, los olores y las sensaciones táctiles que percibes mientras caminas.
- Cuando tu mente se distraiga con pensamientos o preocupaciones, poco a poco dirige tu atención de vuelta a las sensaciones de caminar y el entorno presente. No te juzgues por las distracciones; simplemente reconócelas y vuelve a centrarte en el paseo.
- Sé consciente de tu respiración mientras caminas. Observa cómo tu respiración se sincroniza con tu movimiento. Inhala y exhala de manera natural y consciente, sintiendo el flujo del aire en el cuerpo.

- Aprecia los pequeños detalles. Observa la belleza en las cosas simples que encuentres en tu camino, como las hojas de los árboles, las flores, las personas o los edificios. Permítete disfrutar con las maravillas cotidianas que a menudo pasamos por alto.
- Finaliza tu paseo con gratitud. Tómate un momento para agradecer la experiencia de estar presente y conectado con el entorno. Reconoce los beneficios que te brinda la práctica de la atención plena en tu paseo.

Recuerda que la atención plena es un proceso gradual y cada paseo puede ser una oportunidad para desarrollar tu capacidad de estar presente en el momento y profundizar en ella. Disfruta de tu paseo con plena conciencia y deja que te nutra física, mental y emocionalmente.

Puedes aplicar este enfoque de atención plena a otras actividades cotidianas, como ducharte, caminar, cepillarte los dientes o cualquier tarea que ejecutes de manera automática. La base fundamental es tomar conciencia de tus sensaciones y estar presente en el aquí y el ahora.

7

LAS INSEGURIDADES

Una de las limitaciones que encontramos en el presente son las inseguridades personales; son los sentimientos de duda, incertidumbre y falta de confianza en uno mismo.

Las inseguridades pueden ser limitantes y afectar a la calidad de vida de una persona, impidiéndole alcanzar su potencial máximo y disfrutar plenamente de las experiencias de la vida.

Es importante destacar que las inseguridades no son racionales ni proporcionales a la realidad. Pueden surgir a partir de experiencias pasadas, comentarios negativos, estándares sociales o expectativas poco realistas. Aunque pueden parecer abrumadoras, es posible trabajar para superarlas y desarrollar una mayor confianza en uno mismo.

Abordar las inseguridades personales es fundamental para el crecimiento personal y el bienestar emocional. Estas inseguridades pueden generar un ciclo negativo de pensamientos y emociones que se retroalimentan y perpetúan sentimientos de insuficiencia y ansiedad. Además, las inseguridades pueden afectar a las relaciones interpersonales, la toma de decisiones y la búsqueda de oportunidades.

Superar las inseguridades no es una tarea rápida y fácil, requiere un trabajo consciente y continuo en el desarrollo de la autoestima, la confianza en uno mismo y la aceptación personal.

> *Soltar las inseguridades supone liberar el potencial individual y abrir las puertas a una vida más plena, satisfactoria y auténtica.*

¿QUÉ TIPOS DE INSEGURIDADES EXISTEN?

Las inseguridades personales son complejas y pueden manifestarse de diversas formas en la vida de una persona. Una de las áreas donde suelen surgir es la apariencia física. Muchas personas se sienten inseguras acerca de su aspecto y se preocupan por el peso, la altura, la forma del cuerpo, los rasgos faciales u otras características físicas. Estas inseguridades son comunes en la sociedad actual y pueden surgir debido a estándares de belleza poco realistas promovidos por las redes sociales, las comparaciones con otras personas o las experiencias de *bullying* y las críticas negativas. Las inseguridades físicas pueden afectar a la autoestima y la confianza en uno mismo y pueden llevar a comportamientos dañinos, como trastornos alimentarios o una obsesión excesiva por la apariencia física, pudiendo influir en la confianza y en la participación del individuo en diferentes aspectos de la vida.

Otras inseguridades son las relacionadas con las habilidades físicas; pueden surgir en contextos como el deporte, la danza, el arte o cualquier actividad que requiera destreza física. Las personas pueden sentirse inseguras acerca de su rendimiento o competencia en estas áreas, temiendo no estar a la altura de las expectativas o comparándose negativamente con otros. Estas inseguridades pueden limitar la participación en actividades físicas y el desarrollo de habilidades e impedir el crecimiento personal y la exploración de nuevas experiencias.

Nuestras habilidades y capacidades en otros campos también son eje central de las inseguridades. Algunas personas pueden sentirse inseguras acerca de sus habilidades académicas, laborales o creativas. Pueden experimentar dudas constantes sobre su capacidad para llevar a buen término determinadas tareas o alcanzar ciertos objetivos. Ya que temen no estar a la altura de las expectativas, estas inseguridades pueden limitar la disposición a asumir desafíos y explorar nuevas oportunidades.

Las inseguridades también se manifiestan en las relaciones sociales. Las personas pueden sentir ansiedad social o temor a ser juzgadas y rechazadas por los demás. Estas inseguridades pueden dificultar el establecimiento de relaciones significativas y limitar la participación en actividades sociales. El miedo al rechazo puede llevar a evitar situaciones sociales y a perder oportunidades de conexión y crecimiento personal.

Sara se sentía inferior, pero Lucas consiguió que sacara su brillo

Desde pequeña Sara fue consciente de que no encajaba en los estándares de belleza impuestos por la sociedad y experimentaba constantemente comparaciones con otras niñas. A medida que crecía, esta inseguridad se intensificaba y comenzó a afectar a su autoestima y a la confianza en sí misma.

Durante su infancia, Sara evitaba participar en actividades físicas y deportes en la escuela debido a su miedo al rechazo y a la burla de sus compañeros. Cada vez que tenía educación física se levantaba con dolor de barriga, y conforme se acercaba la hora sus nervios iban en aumento. Deseaba con todas sus fuerzas que el profesor no acudiera, que lloviera o cualquier otro incidente para que esa clase se cancelara. Se sentía incómoda en su propia piel y sufría en silencio anhelando encajar y ser aceptada. Con sus padres sí compartía su situación; ellos la apoyaban y le dedicaban palabras de aliento, pero, a pesar de ello, Sara se aferraba a su percepción negativa de sí misma y creía que su valía dependía solo de su apariencia física.

A los doce años Sara conoció a Lucas en el colegio. Lucas era un niño amable y comprensivo que enseguida se convirtió en su mejor amigo, con el que Sara rompió su coraza y se expresaba sin temor a los juicios. A medida que su amistad se fortalecía, Lucas siempre la alentaba a aceptarse tal como era y a valorar sus cualidades internas.

Lucas y Sara solían pasar tiempo juntos compartiendo sus sueños y anhelos. Lucas siempre resaltaba la belleza única que veía en su amiga, mucho más allá de su apariencia física. Le recordaba constantemente que era inteligente, creativa y tenía un corazón bondadoso.

Un día, el profesor de teatro de la escuela anunció que estaban buscando nuevos talentos para una obra teatral. A pesar de sus miedos y dudas, Lucas animó a Sara a presentarse a la prueba de selección para el papel principal. Aunque se sentía insegura, decidió darse una oportunidad y enfrentarse a su temor a ser juzgada.

Para su sorpresa, la seleccionaron. A medida que se sumergía en la experiencia teatral, descubría un mundo en el que su apariencia física no era el foco principal. En el escenario pudo expresarse libremente, mostrando su talento y emocionando a la audiencia con su actuación. Fue el renacer de Sara, comenzó a comprender que su verdadera belleza residía en su pasión, carisma y habilidades, y no en los estándares superficiales impuestos por la sociedad.

A lo largo de la adolescencia, Sara siguió participando en obras de teatro y eventos artísticos, desarrollando su confianza y amor propio. Aprendió a abrazar su cuerpo y a aceptarse de manera incondicional. La amistad con Lucas se convirtió en un apoyo constante y juntos demostraron que la verdadera belleza se encuentra en la aceptación personal y en la valoración de las cualidades internas.

La historia de Sara es un recordatorio poderoso de que cada individuo es único y posee un valor intrínseco más allá de su apariencia física. A través de la aceptación y la confianza en uno mismo podemos superar nuestras inseguridades y descubrir la verdadera belleza que reside en nuestro interior.

¿Cuál es el origen de las inseguridades?

Los orígenes de las inseguridades son complejos y varían de una persona a otra. En la mayoría de las ocasiones la inseguridad proviene de una combinación de factores interrelacionados. Identificar y comprender los orígenes de nuestras inseguridades puede ser el primer paso hacia la superación y el crecimiento personal.

Existen tres factores centrales en el origen de las inseguridades.

Experiencias de la infancia y el entorno familiar

Las experiencias en la infancia y en el entorno familiar desempeñan un papel crucial en el desarrollo de las inseguridades personales. Como he ido mencionando a lo largo de la primera parte, durante los primeros años de vida las interacciones con los padres, los cuidadores y otros miembros de la familia pueden influir en la forma en que nos percibimos a nosotros mismos y en cómo nos relacionamos con los demás. La falta de apoyo emocional, la crítica constante, el abuso o la negligencia pueden dañar la confianza y la autoestima de una persona, sembrando las semillas de la inseguridad.

Comparación social y presiones externas

La comparación social y las presiones externas también pueden desencadenar inseguridades. Vivimos en una sociedad que nos bombardea constantemente con imágenes idealizadas de éxito, belleza y logros. Las redes sociales, en particular, pueden amplificar estos sentimientos al proporcionar una plataforma en la que nos comparamos con los demás. La sensación de no cumplir con los estándares puede generar inseguridad en áreas como la apariencia física, el estatus socioeconómico, las habilidades profesionales o académicas y las relaciones interpersonales.

Traumas y sucesos adversos

Los traumas y sucesos adversos también pueden ser causas significativas de inseguridades personales. Experiencias como el abuso, el acoso, la pérdida de un ser querido, el fracaso o el rechazo pueden dejar cicatrices emocionales profundas y socavar la confianza en uno mismo. Estos hechos impactantes pueden generar creencias negativas sobre uno mismo y alimentar la sensación de no ser lo bastante valioso o digno de amor y aceptación.

¿QUÉ CONSECUENCIAS TIENE LA INSEGURIDAD?

La inseguridad puede tener diversas consecuencias negativas en la vida de una persona y afectar a su bienestar emocional, mental y social.

La autoestima se ve afectada por la inseguridad; la relación entre ambas es estrecha. Las personas inseguras tienden a tener una percepción negativa de sí mismas, a dudar de su valía y a sentirse insuficientes. Esto puede llevar a la falta de confianza en uno mismo y a la autocrítica constante.

La autoimagen también puede verse afectada por las inseguridades personales. Las personas pueden tener una visión distorsionada y negativa de sí mismas y sentirse insatisfechas con su imagen corporal, sus logros o su valía como individuos. Estas inseguridades pueden generar una comparación constante con los demás y una sensación de no ser lo bastante buenos o dignos de amor y aceptación.

Otra de las consecuencias es la dificultad en la toma de decisiones. Tienen una tendencia a dudar de sus propias habilidades y su juicio. Temen cometer errores o enfrentarse al rechazo, lo que puede llevar a la indecisión y a la postergación de acciones importantes. Esto lleva a un estancamiento personal que impide el crecimiento y la exploración de nuevas oportunidades. Las personas inseguras tienden a conformarse con situaciones cómodas y familiares, y evitan asumir riesgos y desafiar sus propios límites.

La inseguridad también puede afectar negativamente a las relaciones interpersonales. Las personas inseguras pueden tener dificultades para establecer vínculos sólidos, expresar sus opiniones y necesidades, y establecer límites saludables

Todas estas consecuencias generan un gran impacto en la salud mental y contribuyen al desarrollo de problemas de salud mental, como la ansiedad y la depresión. Los pensamientos negativos y la preocupación constante por la opinión de los demás pueden generar un estrés crónico que afecta negativamente al bienestar psicológico.

Reconocer las inseguridades y abordarlas es esencial para superarlas y cultivar una mayor confianza en uno mismo. El apoyo social, el autoconocimiento y la práctica de estrategias para fortalecer la seguridad personal pueden ser fundamentales en este proceso.

¿CÓMO PUEDES SUPERAR LAS INSEGURIDADES?

El autoconocimiento es el primer paso fundamental para superar las inseguridades. Es importante tomarse tiempo para reflexionar sobre nuestras fortalezas, las debilidades, los valores y las creencias. Esto nos permitirá comprender quiénes somos en realidad y aceptarnos tal como somos, sin juzgarnos de manera negativa.

Los pensamientos negativos suelen alimentar nuestras inseguridades y limitar nuestra vida diaria. Para superar esto, es fundamental identificar y cuestionar estos pensamientos. Podemos hacerlo escribiendo los pensamientos negativos en un papel y luego analizando si son realistas o simplemente una percepción distorsionada. Luego podemos reemplazar esos pensamientos por afirmaciones más positivas y realistas. La práctica regular de la meditación y la atención plena también puede ayudarnos a observar y dejar pasar los pensamientos negativos sin aferrarnos a ellos.

Otro aspecto fundamental es desafiar los miedos; el miedo es una emoción común asociada a las inseguridades. Para superarlos, es necesario confrontarlos y enfrentar las situaciones que nos generan ansiedad. Podemos comenzar con pequeños pasos y poco a poco aumentar el nivel de exposición. Cada vez que enfrentamos nuestros miedos, fortalecemos nuestra confianza y nos demostramos a nosotros mismos que somos capaces de superar los desafíos.

Por último, es crucial apoyarnos en nuestro entorno, contar con amigos y seres queridos comprensivos y alentadores, que nos puedan brindar el apoyo emocional necesario para enfrentar nuestros temores.

Recuerda que vencer las inseguridades es un proceso gradual y personal. Sé amable contigo y permítete el tiempo y el espacio necesarios para crecer y fortalecerte.

¿QUÉ ESTRATEGIAS PUEDES SEGUIR PARA FORTALECER LA SEGURIDAD PERSONAL?

1. *Desarrollo de habilidades y competencias*

El desarrollo de habilidades y competencias puede aumentar nuestra seguridad personal. Podemos identificar áreas en las que nos gustaría crecer, ya sea aprender un nuevo idioma, mejorar nuestras habilidades de comunicación, inscribirnos en cursos o talleres relacionados con nuestros intereses o desarrollar habilidades técnicas específicas en nuestra área de trabajo. A medida que adquirimos nuevas habilidades y conocimientos, nos sentimos más seguros de nuestras capacidades.

2. Establecimiento de metas realistas

Podemos dividir nuestras metas en pequeños pasos y celebrar nuestros logros a lo largo del camino. Esto nos permite construir una base sólida de confianza en nosotros mismos y nos motiva a seguir adelante. Es importante recordar que el progreso no siempre es lineal y que los desafíos y contratiempos forman parte del proceso de crecimiento personal.

3. Cuidado personal y autocuidado

Esto implica dedicar tiempo a actividades que nos nutren y nos hacen sentir bien, como hacer ejercicio, comer de forma saludable, descansar lo suficiente, practicar aficiones que nos gusten, establecer límites saludables en nuestras relaciones y practicar la autorreflexión. Cuando nos cuidamos a nosotros mismos, reforzamos nuestra autoestima y nos sentimos más seguros en nuestra capacidad para enfrentar los desafíos de la vida.

4. Práctica de la autocompasión y el perdón

Son dos elementos esenciales en el camino hacia la seguridad personal. Es importante que nos tratemos con amabilidad y comprensión, reconociendo que todos cometemos errores y que hay áreas en las que podemos mejorar. Practicar la autocompasión implica aceptar nuestras imperfecciones y tratarnos a nosotros mismos con la misma bondad y compasión que mostraríamos hacia un ser querido. Del mismo modo, el perdón, tanto hacia nosotros mismos como hacia los demás, nos libera de la carga emocional negativa y nos permite avanzar hacia una mayor seguridad y bienestar.

Ejercicio
Identificando fortalezas, debilidades y logros personales

En este ejercicio te invito a reflexionar sobre tus fortalezas y debilidades personales. Prepara un cuaderno o papel y un bolígrafo, y tómate unos momentos para pensar en ti mismo. Recuerda situaciones en las que te has sentido exitoso y confiado, así como otras en las que has enfrentado dificultades o te has sentido inseguro.

Divide la página en dos columnas: «Fortalezas» a la izquierda y «Debilidades» a la derecha. En la columna de las fortalezas escribe todas las características, habilidades y cualidades positivas que creas tener. Pueden ser aspectos emocionales, mentales, físicos o sociales. Piensa en ejemplos como creatividad, capacidad de liderazgo, empatía, perseverancia o habilidades en una disciplina específica.

En la columna de las debilidades anota las áreas en

las que sientes que encuentras más dificultades o que te generan inseguridad. Pueden ser habilidades que necesites mejorar o características personales que te gustaría cambiar. Por ejemplo, menciona la falta de confianza al hablar en público, la dificultad para manejar el estrés o la tendencia a procrastinar.

Aquí te dejo un ejemplo:

Fortalezas	Debilidades
Perseverancia	Dificultad para hablar en público
Creatividad	Impaciencia

Una vez que hayas completado las listas de fortalezas y debilidades, tómate un momento para reflexionar sobre ellas. Observa si hay alguna conexión entre tus fortalezas y cómo podrían ayudarte a superar tus debilidades.

Ahora piensa en estrategias o acciones que puedas emprender para aprovechar tus fortalezas y trabajar en tus debilidades. Por ejemplo, si eres creativo, pero te cuesta manejar el estrés, podrías utilizar tu creatividad para encontrar formas originales de relajarte, como pintar, escribir o practicar mindfulness.

Recuerda que este ejercicio es solo una herramienta para conocerte mejor y guiarte en tu desarrollo personal. A medida que te comprometas a desarrollar tus fortalezas y abordar tus debilidades, sé amable contigo mismo y reconoce que todos tenemos áreas en las que podemos mejorar. El crecimiento personal es un proceso continuo.

Emplea esta reflexión para tomar decisiones más conscientes y trabajar hacia una versión mejorada de ti mismo. No olvides reconocer tus logros a lo largo del camino y celebrar tu crecimiento.

Ejemplo:

¿Qué logros he conseguido a lo largo de mi vida?

_____

Quererme más

_____

Aprobar los estudios

_____

Superar un momento complicado

_____

Recuerda:

¡Eres capaz de desarrollar todo tu potencial y alcanzar tus metas!

8

LOS MIEDOS

Martín, bloqueado por los miedos

Martín era un chico reservado, reflexivo y de personalidad introvertida. Tenía una sensibilidad innata y una gran capacidad de empatía hacia los demás. La vida de Martín estaba plagada de miedos que lo acompañaban desde temprana edad.

Se sentía abrumado por el temor constante. Tenía miedo de hablar en público, de conocer gente nueva, de los lugares cerrados y de las alturas. Estos miedos le impedían disfrutar plenamente de la vida y participar en una gran cantidad de actividades, y convirtieron a Martín en un chico solitario.

Evitaba las situaciones sociales y se aislaba del mundo exterior para protegerse de sus miedos.

Sentía una profunda ansiedad, siempre preocupado por lo que los demás pensarían de él si se enfrentaba a sus temores. Su confianza se desvaneció y se convirtió en prisionero de su propia mente.

El miedo empezó a afectar a todas las áreas de la vida de Martín. En la escuela evitaba hacer presentaciones orales y se perdía oportunidades de aprendizaje. Cada vez que en clase pedían voluntarios, jamás levantaba la mano, o, si preguntaba algo el profesor, aunque supiera la respuesta, agachaba la cabeza para pasar inadvertido. Todo ello hizo que sus notas comenzaran a bajar y se sentía frustrado por no poder demostrar su verdadero potencial. En el ámbito social, su falta de participación y su evasión le impidieron hacer amigos y disfrutar de relaciones cercanas. La soledad y la tristeza se apoderaron de él.

También le afectó en su vida adulta. Tenía dificultades para encontrar empleo, ya que el miedo a las entrevistas de trabajo y a los nuevos entornos laborales le impedía presentarse con confianza. Se sentía estancado y frustrado al ver cómo perdía sus oportunidades una y otra vez.

La familia y los seres queridos de Martín notaban su constante estado de ansiedad. Estaban preocupados por él y trataban de ayudarlo, pero el miedo se había arraigado tan profundamente en su ser que resultaba difícil de superar.

Como Martín, muchos de nosotros pasamos por momentos en los que el miedo se acrecienta y comenzamos a actuar tomándolo como referencia.

El miedo es una emoción básica y natural que experimentamos como respuesta a una percepción de peligro o amenaza.

Como cualquier otra emoción, desempeña una función determinada y su presencia es necesaria. Su función es alertarnos sobre posibles peligros e impulsarnos a tomar medidas de precaución. Es una respuesta evolutiva que nos ha ayudado a sobrevivir como especie. Sin embargo, cuando el miedo se vuelve excesivo o irracional, puede limitarnos y afectar de manera negativa a nuestra calidad de vida.

Cada persona tiene miedos específicos, que pueden ser aprendidos, heredados o surgir como resultado de experiencias traumáticas. Algunos miedos comunes incluyen el miedo a la oscuridad, a los animales, a las alturas, a los espacios cerrados, a hablar en público, entre otros.

El miedo que experimenta cada persona es subjetivo y puede variar de un individuo a otro. Lo que puede generar miedo en alguien puede no afectar a otra persona de la misma manera. Además, el miedo puede superarse y gestionarse a través de técnicas de enfrentamiento, terapia y apoyo adecuado.

En resumen, el miedo es una respuesta emocional, física y conductual que experimentamos ante situaciones percibidas como amenazantes. Si bien es una emoción natural y útil en ciertas circunstancias, puede convertirse en un obstáculo cuando se vuelve desproporcionado o limitante.

¿CÓMO SE EXPERIMENTA EL MIEDO?

Como cualquier otra emoción, el miedo se experimenta en diferentes niveles: conductual, fisiológico y cognitivo.

Nivel conductual

A nivel conductual, el miedo puede manifestarse a través de diversas respuestas; algunas de ellas son evitar la situación temida o escapar de ella, quedarse bloqueado, llorar, gritar, temblar o buscar protección. Las acciones que emprendemos cuando experimentamos miedo están influidas por nuestra percepción de la amenaza y nuestras estrategias de afrontamiento.

Nivel fisiológico

A nivel fisiológico, el miedo desencadena una serie de respuestas en nuestro cuerpo. Estas incluyen un aumento en la frecuencia cardiaca, la presión arterial y la respiración, así como la liberación de hormonas como el cortisol y la adrenalina. También podemos experimentar tensión muscular, sudoración y dilatación de las pupilas. Estas respuestas fisiológicas están destinadas a preparar al cuerpo para enfrentarse a la amenaza percibida o huir de ella. Imagina que ves un animal peligroso; en ese momento, con ese nivel de adrenalina, eres capaz de correr más que nunca.

Nivel cognitivo

A nivel cognitivo, el miedo se manifiesta en nuestros pensamientos y creencias. Puede generar una sensación de peligro inminente y llevarnos a anticipar lo peor. También puede influir en nuestra atención y concentración haciendo que estemos hipervigilantes hacia las señales de amenaza. Los pensamientos catastróficos, la preocupación excesiva y la dificultad para pensar con claridad son características comunes en el nivel cognitivo del miedo.

Todos estos niveles están interconectados y se influyen mutuamente. Nuestros pensamientos y creencias influyen en nuestras respuestas conductuales y fisiológicas, mientras que nuestras respuestas fisiológicas pueden afectar a nuestra forma de pensar y comportarnos.

Entender cómo se experimenta el miedo en estos niveles puede ser útil para identificar y abordar adecuadamente nuestros propios miedos, así como para comprender y apoyar a las personas de nuestro entorno que están lidiando con el miedo.

¿En qué momento el miedo se convierte en un problema?

Es posible que un nivel adecuado de miedo resulte beneficioso para estar alerta y tomar precauciones necesarias, lo que puede aumentar el rendimiento en situaciones desafiantes. Sin embargo, cuando el nivel de miedo se vuelve excesivo o abrumador, puede interferir negativamente en el rendimiento y convertirse en un problema.

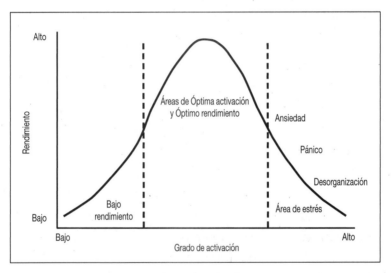

Ley de Yerkes-Dodson

Algunos indicadores de que el miedo puede ser problemático incluyen:

Interferencia en el funcionamiento diario

El miedo comienza a interferir en las actividades diarias, como el trabajo, las relaciones personales, el rendimiento académico o el desempeño en actividades sociales.

Evitación persistente

Se evitan una y otra vez situaciones o actividades que desencadenan el miedo, lo que limita la capacidad de una persona para participar plenamente en la vida.

Malestar emocional significativo

El miedo provoca un malestar emocional intenso, como ansiedad, angustia o depresión, que afecta a la calidad de vida y al bienestar general.

Deterioro en la salud física

El miedo crónico puede tener un impacto negativo en la salud física y manifestarse en problemas como insomnio, dolores de cabeza, problemas gastrointestinales u otros síntomas relacionados con el estrés.

¿Cómo se puede sentir el miedo?

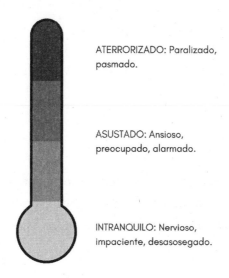

ATERRORIZADO: Paralizado, pasmado.

ASUSTADO: Ansioso, preocupado, alarmado.

INTRANQUILO: Nervioso, impaciente, desasosegado.

¿Cuál es el mecanismo del miedo?

Vamos a imaginar el miedo como un monstruo que acecha en las sombras, listo para atacar en cualquier momento. Este monstruo tiene garras afiladas y una presencia imponente que nos llena de temor.

Cuando nos encontramos frente al monstruo del miedo, sentimos que se apodera de nosotros paralizándonos y llenándonos de inseguridades. Sus ojos brillan con la intensidad de nuestras preocupaciones más profundas y su aliento nos envuelve con pensamientos negativos y catastrofistas.

Este monstruo nos susurra constantemente nuestras debilidades y nos convence de que no somos lo bastante capaces de enfrentarnos a los desafíos que se nos presentan. Nos lleva a evitar situaciones que podrían hacernos crecer y nos impide perseguir nuestros sueños.

Cada vez que evitamos esas situaciones que nos generan temor hacemos que ese monstruo del miedo se haga más fuerte. Cuando nos enfrentamos a ellas, conseguimos que el monstruo se haga pequeñito, le arrebatamos el poder y ni siquiera nos damos cuenta de que sigue acompañándonos.

A medida que hacemos frente a los miedos, notamos que su apariencia aterradora era solo una ilusión. Descubrimos que tenemos la capacidad de superar nuestros miedos y crecer más allá de nuestras limitaciones.

Recuerda: aunque el monstruo del miedo pueda parecer imponente, siempre tenemos la capacidad de enfrentarnos a él y liberarnos de su control. La valentía y la determinación son nuestras mejores armas para encararnos contra él y seguir adelante en nuestro viaje hacia la realización personal.

¿DÓNDE SE SITÚA TEMPORALMENTE EL MIEDO?

El miedo puede manifestarse en diferentes momentos. Se puede experimentar miedo en el presente, en relación con situaciones o circunstancias actuales que percibimos como amenazantes o peligrosas. Algunas de estas situaciones pueden ser miedo a fallar en las cosas que estamos haciendo, miedo a ser juzgado, miedo a enfrentarnos a situaciones desafiantes, miedo a la pérdida de un ser querido o de cualquier objeto material de forma inminente.

Además, el miedo puede tener una dimensión temporal en cuanto a su origen. Puede basarse en experiencias traumáticas que han dejado una huella en nuestra memoria y generan miedo anticipatorio hacia situaciones similares en el futuro. Estas experiencias pasadas pueden influir en la forma en que interpretamos las situaciones presentes y respondemos a ellas.

También es posible experimentar miedo hacia eventos futuros, anticipando peligros o consecuencias negativas que podrían ocurrir. Este tipo de miedo se relaciona con la ansiedad y la preocupación por lo que está por venir.

Existe una interconexión entre los miedos en el presente y en el futuro, ya que nuestros miedos actuales pueden influir en cómo percibimos y anticipamos los posibles miedos futuros. Además, algunos miedos pueden surgir por experiencias pasadas que nos generan ansiedad y temor ante situaciones similares en el presente o en el futuro.

En este capítulo nos centraremos en los miedos del presente.

Miedo al fracaso

El miedo al fracaso es el temor a no cumplir con las expectativas propias o ajenas, a cometer errores o a no alcanzar los objetivos deseados. Este miedo puede tener diversas causas, como el miedo al juicio de los demás, la pérdida de autoestima o el temor a las consecuencias negativas del fracaso. Las consecuencias del miedo al fracaso pueden incluir la evitación de retos, la procrastinación, la baja autoconfianza y la falta de motivación. Además, este miedo puede limitar el crecimiento personal y profesional, e impedir el desarrollo de nuevas habilidades y la búsqueda de oportunidades.

¿Cómo nos limita el miedo al fracaso?

Carrera profesional: El miedo al fracaso puede evitar que persigamos oportunidades de ascenso o nuevos retos por temor a no cumplir con las expectativas o a no tener éxito en un nuevo papel.

Relaciones personales: El miedo al fracaso puede afectar a las relaciones interpersonales al temer el rechazo o la decepción de los demás, lo que puede llevar a evitar el compromiso emocional o la expresión de los propios sentimientos.

Aprendizaje y desarrollo personal: El miedo al fracaso

puede obstaculizar el proceso de aprendizaje al evitar asumir riesgos o enfrentarnos a desafíos que nos permitan adquirir nuevas habilidades o conocimientos.

¿Cómo se puede superar el miedo al fracaso?

Cambia la perspectiva: En lugar de ver el fracaso como algo negativo, considéralo una oportunidad de aprendizaje y crecimiento. Reconoce que los errores forman parte natural del proceso.

Establece metas realistas: Fija metas alcanzables y graduales, esto te permitirá evitar la presión excesiva y reducir el miedo al fracaso. Dividir los objetivos en pasos más pequeños y celebrar los logros en el camino también fomenta la motivación y la confianza.

Aprende de los errores: En lugar de lamentarte por los errores cometidos, reflexiona sobre ellos y extrae las conclusiones que te ayudarán a no cometer los mismos errores en el futuro.

Busca apoyo y retroalimentación: Comparte tus temores y preocupaciones con personas de confianza y busca retroalimentación constructiva; esto puede ayudarte a enfrentarte al miedo al fracaso.

Actúa: Hacer frente al miedo al fracaso requiere actuar y plantar cara a los desafíos. Es importante pasar a la acción a pesar del miedo, dando pequeños pasos que nos acerquen a nuestros objetivos y recordando que la experiencia y el aprendizaje valen más que el resultado final.

Miedo al cambio

El miedo al cambio es el temor que experimentamos cuando nos enfrentamos a situaciones nuevas, desconocidas o diferentes a las que estamos acostumbrados. Este temor nos impide progresar y desarrollar nuestro potencial, nos aferramos a nuestra zona de confort, donde nos sentimos cómodos porque es algo que conocemos y que tenemos perfectamente controlado, y evitamos salir de ella y enfrentarnos a desafíos y oportunidades, ya que implicarán cierto grado de incomodidad en un principio.

El cambio es una parte inevitable de la vida y, a pesar de los miedos que puedan surgir, también trae consigo beneficios y oportunidades.

¿Qué beneficios traen consigo los cambios?

El cambio fomenta el crecimiento personal al desafiar nuestra rutina y explorar nuevas experiencias y habilidades, nos da la oportunidad de adquirir nuevos aprendizajes y desarrollarnos a nivel personal.

Salir de nuestra zona de confort también hace que desarrollemos la capacidad de adaptarnos a nuevas situaciones y papeles, y fomenta la versatilidad, la flexibilidad y la resiliencia.

Vencer la resistencia al cambio también nos abre nuevas oportunidades y nos permite explorar nuevas pasiones e intereses que antes no aparecían en nuestra hoja de ruta.

¿Cómo se puede superar el miedo al cambio?

Cambia la percepción: En lugar de valorar el cambio como algo amenazante, intenta cambiar tu perspectiva y considerarlo como una oportunidad para aprender, crecer y descubrir nuevas posibilidades. Enfócate en los beneficios y las oportunidades que puede traer consigo, y no en los contratiempos que pueda ocasionar.

Acepta la incertidumbre: Reconoce que el cambio conlleva incertidumbre y que es natural sentir temor ante lo desconocido. Aprende a lidiar con ello y a confiar en tu capacidad para adaptarte a los desafíos que puedan surgir y enfrentarte a ellos.

Establece metas y planifica: Define metas claras y realistas relacionadas con el cambio que deseas emprender. Desarrolla un plan de acción con pasos específicos que te ayuden a avanzar hacia esas metas; te brindará un sentido de dirección y control.

Busca apoyo y recursos: Busca el apoyo de personas de confianza que te brinden orientación y aliento durante el proceso de cambio. Además, aprovecha recursos, como libros, cursos o grupos de apoyo, que te proporcionen herramientas y conocimientos para hacer frente al cambio de manera efectiva.

Da pequeños pasos: En lugar de desafiar al cambio de manera abrupta, considera dar pequeños pasos lentos pero progresivos. Esto te permitirá adaptarte de forma gradual y aumentar la confianza en tu capacidad para lidiar con el cambio.

Practica la autocompasión: No te castigues por sentir miedo o inseguridad ante el cambio. Permítete sentir y reconocer tus emociones, y trata de ser compasivo contigo mismo. Recuerda que el cambio es un proceso y que es natural experimentar altibajos emocionales en el camino.

Miedo al juicio de los demás

El miedo al juicio por parte de los demás supone la preocupación constante por lo que piensan de nosotros. Experimentamos una presión constante por cumplir con las expectativas que los demás tienen en nosotros, en lugar de vivir alineados con nuestras propias necesidades y deseos.

Este miedo puede hacer que nos sintamos inseguros acerca de quiénes somos en realidad y puede tener un impacto significativo en nuestra autoestima y confianza.

Buscamos constantemente la aprobación externa y tenemos un gran temor a la desaprobación, lo que nos lleva a modificar nuestra forma de ser y a actuar para encajar en lo que creemos que los demás esperan de nosotros.

¿En qué nos limita el miedo al juicio de los demás?

Nos limita en nuestras experiencias y oportunidades, ya que nos impide asumir riesgos y expresarnos con libertad por miedo a ser juzgados y rechazados. Nos preocupamos en exceso por las opiniones de los demás, lo que puede llevarnos a evitar situaciones sociales, ocultar nuestros verdaderos intereses y talentos, e incluso afectar a nuestras relaciones personales y profesionales.

Influye también en nuestra toma de decisiones; las ejecutamos acorde a lo que es significativo para otras personas, a pesar de que no lo sea para nosotros. Esto da como resultado vidas atascadas en el molde de lo establecido por los demás, donde nos adentramos en muchas ocasiones en una gran insatisfacción si este se aleja mucho de nuestra manera de ver las cosas.

También supone la pérdida de autenticidad: dejamos de ser fieles a nosotros mismos, dejamos de lado nuestros valores y pensamos en actuar acorde a los valores de los demás, aunque sean opuestos a los nuestros.

Cuando vivimos de forma auténtica, no estamos buscando la aprobación externa, sino que nos centramos en nuestra propia satisfacción y bienestar, y construimos una vida más auténtica y significativa, la que nosotros queremos, donde nos sentimos seguros y satisfechos.

¿Cómo se puede superar el miedo al juicio de los demás?

Desafía tus pensamientos: Cuestiona los pensamientos negativos y críticos que tienes sobre ti mismo en relación con el juicio de los demás. Examina la evidencia de estos pensamientos y cuestiona la validez de esas creencias. Recuerda que los pensamientos son solo eso, no una realidad.

Practica la autoaceptación: Cultiva la autocompasión y el amor propio. Reconoce y acepta tus fortalezas y debilidades.

Enfócate en tus logros y metas personales: Define tus propias medidas de éxito y trabaja hacia otras que sean significativas para ti. Al centrarte en tu propio crecimiento y desarrollo, el juicio de los demás se vuelve menos relevante.

Practica la exposición gradual: Empieza a enfrentarte a tus miedos de manera gradual. Participa en actividades sociales que te generen un poco de ansiedad y ve aumentando de forma gradual el nivel de exposición. Con el tiempo, te sentirás más cómodo y confiado.

Practica la gratitud: Agradece tus cualidades y los logros que consigas.

Miedo a la pérdida

El miedo a la pérdida, tanto de seres queridos como de cosas materiales, trabajo, estabilidad, nuestra propia identidad, etc., puede tener un impacto significativo en nuestra capacidad para disfrutar plenamente de la vida.

Nos aferramos a personas, cosas o situaciones por temor a perderlas, lo que nos impide vivir en el presente y experimentar la felicidad y la plenitud en el momento actual. El miedo a la pérdida puede generar ansiedad y preocupación constantes, y nos lleva a aferrarnos a lo conocido y resistir el cambio, limitando así nuestro crecimiento y nuestro disfrute.

El miedo a la pérdida puede manifestarse en diferentes aspectos de nuestra vida. Por ejemplo, el miedo a perder a alguien cercano puede generar una sensación de vulnerabilidad y ansiedad constante. El miedo a perder un trabajo puede llevarnos a soportar situaciones laborales insatisfactorias por temor a la inestabilidad financiera. También podemos experimentar miedo a perder oportunidades de crecimiento personal o profesional, lo que nos lleva a evitar correr riesgos y a mantenernos en nuestra zona de confort.

Es importante reflexionar sobre la naturaleza inevitable de la pérdida y comprender que forma parte de la condición humana. La vida está llena de cambios y algunas pérdidas son inevitables. Aceptar la realidad de la pérdida nos permite abrazar el presente y valorar lo que tenemos aquí y ahora.

¿Cómo se puede superar el miedo a la pérdida?

Cultiva una mentalidad de aceptación y fluidez: Esto no implica que seamos indiferentes o insensibles ante las pérdidas, sino que necesitamos desarrollar la capacidad de adaptarnos y encontrar formas saludables de procesar el dolor y seguir adelante.

Aprende a soltar y aceptar que algunas cosas están fuera de nuestro control: El aferramiento excesivo a las personas o cosas no evita la pérdida, sino que puede generar sufrimiento adicional, soltarlas nos va a permitir vivir con menos peso y con mayor apertura hacia nuevas experiencias.

Cultivar la resiliencia emocional: Esto implica desarrollar habilidades para manejar el estrés y recuperarse de las adversidades. Nos va a permitir adaptarnos a los cambios y superar las pérdidas de manera saludable. Al fortalecer nuestra resiliencia, podemos afrontar las situaciones difíciles con mayor calma y confianza en nuestra capacidad para recuperarnos y encontrar nuevas oportunidades.

Practicar la atención plena: Nos ayuda a vivir en el presente, a estar presentes en nuestras experiencias y a saborear los momentos que tenemos aquí y ahora. Al cultivar la atención plena aprendemos a apreciar y valorar lo que tenemos en el ahora, en lugar de estar siempre preocupados por lo que podríamos perder.

Ejercicio
Identificando los miedos y enfrentándonos a ellos

Identifica tu miedo: Piensa en un miedo específico que te esté limitando en este momento. Puede ser algunos de los que hemos mencionado o cualquier otro más específico, como el miedo a hablar en público, el miedo a algún animal, el miedo a enfrentarnos a una nueva situación.

Analiza tu miedo: Describe cuáles son las creencias o pensamientos asociados a ese miedo. ¿Qué es lo peor

---

que podría pasar? ¿Qué te impide enfrentarte a ellos? Anota estas creencias y pensamientos en un papel.

Cuestiona dichas creencias: Una vez que hayas identificado tus creencias limitantes, cuestiona su validez. ¿Hay pruebas sólidas que respalden esas creencias o son más bien percepciones distorsionadas?

Define un primer paso: Elige un pequeño paso que puedas emprender para enfrentarte a tu miedo en el presente. Puede ser algo tan simple como investigar sobre el tema, practicar en un entorno seguro o hablar con alguien que haya superado un miedo similar. El objetivo es dar el primer paso hacia la superación de tu miedo.

Actúa: Este es el momento de actuar. Comprométete a dar ese primer paso que has definido. Recuerda que no es necesario que sea perfecto, lo importante es comenzar. Enfócate en el progreso y no en la perfección.

Evalúa y ajusta: Después de haber emprendido la acción, tómate un momento para evaluar cómo te has sentido y qué has aprendido. Reflexiona sobre el paso que has dado y cómo te ha acercado a superar tu miedo. Si es necesario, ajusta tu enfoque y define el siguiente paso que deseas dar.

Recuerda que enfrentarse a los miedos requiere práctica y perseverancia: A medida que te enfrentes a tus miedos de manera gradual, irás desarrollando confianza en ti mismo y verás que esos miedos pierden poder sobre ti. No tengas miedo de buscar apoyo y recordarte a ti mismo que eres capaz de superar tus miedos y vivir una vida en plenitud. ¡Adelante!

Martín y su afrontamiento a los miedos

Siguiendo con la historia de Martín, a medida que pasaba el tiempo comenzó a darse cuenta de que no podía vivir una vida limitada por el miedo. Se comprometió consigo mismo a enfrentarse a sus temores uno por uno, aunque fuera de manera gradual. Con el tiempo, emprendió pequeños actos de valentía. Se retó a sí mismo a hablar en público en grupos pequeños, a enfrentarse a situaciones sociales incómodas y a buscar oportunidades de crecimiento personal. Cada pequeño logro le daba un impulso de confianza y lo alentaba a hacer frente al siguiente desafío.

Poco a poco, Martín comenzó a ver los cambios en su vida. Sus relaciones personales mejoraron, se abrió a nuevas amistades y experimentó un sentido renovado de libertad. Se encontró a sí mismo participando en actividades que antes le resultaban inimaginables, como viajar en avión o practicar deportes extremos.

Aunque el miedo nunca desapareció por completo, Martín aprendió a vivir con él de una manera más saludable. Reconoció que el miedo era una parte natural de la vida y que podía superarlo. Sus miedos se transformaron en desafíos que le permitieron crecer y descubrir su verdadero potencial.

La historia de Martín nos enseña que vivir con miedo constante puede tener consecuencias significativas. Pero también nos muestra que, con la determinación y el apoyo adecuados, podemos enfrentar nuestros miedos, superar nuestras limitaciones y llevar una vida más plena y satisfactoria.

Conclusión

En este capítulo hemos explorado varios tipos de miedos que pueden afectar a nuestra vida, sobre todo a algunos de los relacionados con miedos en el presente, como son el miedo al fracaso, el miedo al cambio, el miedo al juicio de los demás y el miedo a la pérdida. Hemos analizado cómo estos miedos impactan en nuestra autoestima, en nuestra confianza, en la toma de decisiones, en la capacidad de disfrutar el presente y en nuestra resiliencia emocional.

Es crucial comprender que enfrentarse a los miedos y superarlos es esencial para vivir una vida plena y satisfactoria. Cuando permitimos que el miedo nos controle, nos limitamos a nosotros mismos y dejamos de aprovechar oportunidades de crecimiento y felicidad. Superar los miedos nos brinda la libertad de vivir de manera auténtica, de perseguir nuestros sueños y vivir de acuerdo con nuestros valores.

Te invito a que actúes y empieces a enfrentarte a tus miedos. Reconoce que el camino puede ser desafiante, pero también es gratificante y te permite desarrollar todo tu potencial. Empieza por identificar tus miedos y reflexionar sobre cómo te han estado limitando. Luego, establece metas pequeñas y realistas para desafiar poco a poco esos miedos. Busca apoyo en tu entorno, ya sea de amigos, familiares o profesionales, y recuerda que no estás solo en este proceso.

Ten en cuenta que superar los miedos no significa eliminar por completo el miedo de nuestra vida, sino aprender a gestionarlo y no permitir que nos paralice. A medida que te enfrentas a tus miedos y los superas, irás abriéndote a nuevas oportunidades, al crecimiento personal y a una mayor satisfacción en todas las áreas de tu vida.

Tu potencial está esperando que lo liberen y tú tienes el poder de hacerlo.

9

LA VOZ INTERIOR

MI VOZ CRÍTICA

En el rincón más profundo de mi mente, una voz interior susurra y murmura sin cesar. Su presencia es constante, conoce todos mis temores y mis inseguridades más profundas. A menudo me repite que no soy lo bastante buena, que no merezco el éxito o el amor de los demás.

Durante mucho tiempo me dejé llevar por las palabras críticas de esa voz. Permití que me llenara de dudas y miedos, que limitara mi potencial y restringiera mis sueños. Me convertí en mi propia carcelera, atrapada en una jaula de autocrítica y negatividad.

Sin embargo, un día decidí enfrentarme a esa voz. Me di cuenta de que no podía permitir que me controlara más. Quería vivir una vida plena y auténtica, liberada de las cadenas de la autocrítica y el miedo.

Comencé a escucharla con atención y descubrí algo

sorprendente: era solo una parte de mí, una parte herida y asustada que necesitaba ser sanada y amada. Comprendí que esa voz no era mi enemiga, sino una llamada desesperada de atención y compasión.

Así que decidí cambiar mi diálogo interno. Comencé a responder a esa voz con amabilidad y comprensión; en lugar de luchar contra ella, la abracé con ternura. Le recordé que estaba dispuesta a trabajar en mí misma, a crecer y aprender de mis errores en lugar de castigarme por ellos.

Poco a poco, esa voz interior crítica comenzó a transformarse. Las palabras de autocrítica se desvanecieron y las reemplazaron otras de aliento y empoderamiento. Me di cuenta de que podía ser mi propia aliada, mi propia voz de guía y apoyo.

A medida que practicaba el amor propio y la compasión hacia mí misma, la voz interior crítica fue desvaneciéndose cada vez más. Surgió una voz nueva, una voz de confianza y aceptación que me recordaba mi valía y me alentaba a perseguir mis sueños sin miedo.

Hoy esa voz interior crítica ya no tiene el poder de controlar mi vida. Aprendí a reconocerla, a escucharla cuando se presentaba, y también a no permitir que me definiera. Ahora elijo enfocarme en la voz de la autenticidad y la bondad, la que me impulsa a crecer y brillar en mi máximo potencial.

Si alguna vez te encuentras atrapado en las garras de una voz interior crítica, recuerda que tienes el poder de cambiar ese diálogo. Trátate con amabilidad y compasión, y date cuenta de que mereces amor y aceptación, tanto de ti mismo como de los demás. Escucha la voz que te impulsa a creer en ti mismo y a perseguir tus sueños con valentía.

> *Eres digno de todo lo bueno que la vida tiene para ofrecer.*

La voz interior, también llamada diálogo interno, consiste en un flujo continuo de pensamientos, juicios que tenemos en nuestra mente respecto a nosotros mismos y nuestra relación con el entorno. Es una especie de narrativa interna que nos acompaña a lo largo del día y nos permite reflexionar, interpretar y procesar la información que recibimos del mundo exterior.

La voz interior puede adoptar diferentes formas y tonos. Puede ser un pensamiento reflexivo, desde el que analizamos situaciones, tomamos decisiones o planeamos acciones. También puede ser un diálogo interno en el que nos hablamos a nosotros mismos, nos damos instrucciones o nos motivamos. Además, la voz interior puede expresar nuestras emociones, miedos, deseos y preocupaciones.

Esta voz interna es única para cada individuo y puede estar influida por nuestras experiencias pasadas, creencias, valores y personalidad.

En ocasiones, la voz interior puede ser positiva, alentadora y constructiva, y nos brinda el apoyo y la motivación que necesitamos. Sin embargo, en otras ocasiones puede volverse crítica, autodestructiva y negativa, y generar pensamientos limitantes, dudas y autocrítica.

Es importante ser conscientes de nuestra voz interior

y del impacto que puede tener en nuestra vida. Si la voz interior se vuelve excesivamente crítica o negativa, puede afectar a la autoestima, al bienestar emocional y a la toma de decisiones. Por eso es fundamental cultivar una voz interior más compasiva, realista y positiva, y reemplazar pensamientos autocríticos por afirmaciones más saludables y constructivas.

Practicar la atención plena y la autorreflexión puede ayudarnos a tomar conciencia de nuestra voz interior y a evaluar si es útil y beneficioso para nuestro bienestar.

¿DÓNDE SE ORIGINA NUESTRA VOZ INTERIOR?

La voz interior crítica tiene diferentes raíces, algunas de ellas son las experiencias vividas, las críticas y las comparaciones, las expectativas sociales o las creencias negativas internalizadas. Desde una edad temprana, las interacciones con nuestro entorno pueden influir en la formación de una voz interior crítica. Si se han recibido mensajes negativos, críticas constantes o falta de apoyo emocional, es más probable que se desarrolle una voz interior crítica.

¿CÓMO SE MANIFIESTA LA VOZ INTERIOR CRÍTICA?

La parte negativa y excesivamente crítica de la voz interior se manifiesta en cada persona de una forma diferente. Uno de los matices comunes a todas las personas es la autocrítica constante, que supone sobrellevar una presión continua por llegar a unos estándares determinados. Cuando no se consiguen, aparece la frustración y la culpa como respuesta, además de que supone un impacto negativo al sentirse un fracaso.

Otra de las losas de la voz crítica es el perfeccionismo. Cada vez que emprendemos cualquier tarea nunca es lo bastante buena para llegar al umbral de excelencia que nos exige esa voz interior.

Esa voz interior está llena de pensamientos distorsionados y nos hace interpretar de manera negativa las experiencias que vivimos. Siempre hay una tendencia a darles mucho más valor a los errores que a los logros, que suelen pasar inadvertidos.

Se oye con fuerza esa voz que infunde el miedo a ser juzgado por los demás. Se produce una preocupación excesiva por lo que puedan pensar o decir los demás y también una comparación constante, donde sentirse inferior es la tónica predominante.

¿CÓMO SE RELACIONA LA VOZ INTERIOR CON LA AUTOESTIMA?

La voz interior crítica y la autoestima están estrechamente relacionadas. La autoestima o autoconcepto se refiere a cómo nos valoramos y nos percibimos a nosotros mismos.

Cuando la voz interior crítica es predominante y grita mucho en nuestro interior, constantemente nos menosprecia, nos juzga y nos critica, y esto poco a poco va socavando nuestra autoestima.

La voz interior crítica nos va alimentando de pensamientos negativos sobre nosotros mismos y genera sentimientos de falta de valía, vergüenza y duda. A medida que se van internalizando estas creencias negativas, la autoestima disminuye y se vuelve más difícil tener una imagen positiva y objetiva de uno mismo.

Es importante abordar la voz interior crítica para mejorar la autoestima desafiando los pensamientos negativos y distorsionados y reemplazándolos por pensamientos realistas y constructivos. Con esto conseguiremos que nuestra autoestima se vea reforzada y que la relación con nosotros mismos sea más sana.

¿QUÉ EFECTOS TIENE NUESTRA VOZ INTERIOR CRÍTICA?

En primer lugar, afecta a nuestra salud mental y emocional; cuando la autocrítica se vuelve constante y cruel, puede generar altos niveles de estrés, ansiedad y depresión.

Las personas que experimentan una voz interior crítica tienden a ser muy duras consigo mismas, lo que puede llevar a desarrollar una autoestima baja y una imagen negativa de sí mismas. Pueden sentir que nunca son lo bastante buenas, y eso puede generar sentimientos de desesperanza y frustración.

Es muy común entrar en patrones de rumiación y quedarse atrapados como en una tela de araña en pensamientos de autocrítica constante, lo que afectará al estado de ánimo y a la capacidad para disfrutar de la vida. Esto puede tener un impacto en otros aspectos del bienestar, como el sueño, el apetito y la energía en general.

Otra consecuencia es la indecisión por la falta de confianza. La voz crítica nos hace dudar de nuestras habilidades y nos hace tener miedo a cometer errores. Esto nos lleva a la indecisión y a postergar decisiones, y quedamos en un estado de paralización. Limita nuestra capacidad para asumir nuevos desafíos, explorar nuevas oportunidades y desarrollar el máximo potencial.

La falta de confianza que nos genera esa voz crítica afecta a la forma de relacionarnos con los demás, ya que influye en la capacidad para expresar las ideas y necesidades de manera efectiva, o llevar directamente a no expresarlas porque no se les da valor por ese estándar tan alto. Además, la voz interior crítica puede hacer que te sientas indigno de amor y aceptación, lo que puede dificultar la formación y el mantenimiento de relaciones saludables.

Ejercicio
Mindfulness para encontrarme con mi voz interior

Puedes escuchar esta meditación en el pódcast de *Soltar para avanzar*.

Bienvenido a esta meditación guiada para trabajar la voz interior crítica. Durante esta práctica, nos enfocaremos en observar esa voz crítica interna negativa y en relacionarnos de manera compasiva con ella.

Encuentra una postura cómoda, cierra los ojos y comienza a enfocarte en tu respiración.

Tómate un momento para establecer tu intención de cultivar la conciencia y la compasión hacia ti mismo durante esta meditación. Recuerda que el objetivo no es eliminar por completo la voz interior crítica, sino cambiar tu relación con ella y desarrollar una mayor autocompasión.

Imagina que frente a ti aparece la voz interior crítica con la forma de una figura o simplemente como una voz. Observa cómo se manifiesta y toma nota de su apariencia y características. Reconoce que esta voz es parte de ti, pero no te define por completo.

Comienza a escuchar lo que la voz interior crítica tiene que decirte. Permítete observar sus palabras y las emociones que pueden surgir a medida que las escuchas. Mantén una actitud de curiosidad y apertura mientras te adentras en este diálogo consciente.

Toma consciencia de las emociones que surgen en tu interior a medida que escuchas a la voz interior crítica. Permítete sentir estas emociones sin juzgarlas, reconócelas como parte de tu experiencia en este momento presente. Observa cómo estas emociones se manifiestan en tu cuerpo.

Poco a poco, cambia tu enfoque hacia las sensaciones físicas en tu cuerpo. Dirige la atención hacia tu respiración, las sensaciones en las manos, los pies o cualquier otra parte del cuerpo que te resulte fácil percibir. Mantén la atención en estas sensaciones físicas para ayudarte a mantener cierta distancia de la voz interior crítica.

A medida que observas esa voz, recuerda que eres humano y que todos tenemos nuestras luchas y errores. Cultiva la compasión hacia ti mismo repitiendo internamente afirmaciones como: «Soy digno de amor y aceptación» o «Me trato con amabilidad y comprensión». Permítete soltar el apego a la influencia negativa de la voz crítica y abrir espacio para la compasión hacia ti mismo.

Practica la aceptación de la presencia de la voz interior crítica y, a su vez, elige soltar su influencia negativa sobre ti. Reconoce que tienes el poder de elegir qué creencias y pensamientos te sirven y cuáles no. Permítete soltar el apego a la voz crítica y liberarte de su carga emocional.

Con suavidad, trae la atención de vuelta al cuerpo y a la respiración. Tómate un momento para agradecerte a ti mismo haber dedicado este tiempo a cultivar la compasión y la conciencia. Cuando estés listo, abre los ojos y lleva contigo esta sensación de autocompasión a lo largo del día.

Recuerda que esta meditación puede adaptarse según tus necesidades y preferencias. Ajústala con libertad, según lo consideres adecuado. ¡Que tengas una práctica transformadora!

Ejercicio
Mi Autocrítica

Como hemos estado desarrollando, esa parte crítica de la voz interior afecta a gran variedad de ámbitos en nuestra vida; por lo tanto, nos limita a la hora de vivir la vida en plenitud.

Ahora vamos a centrarnos en identificar esos mensajes críticos que nos decimos a nosotros mismos y que condicionan nuestra vida.

Escribe cómo te hace sentir esa crítica y reflexiona cuándo aparece.

Me critico por.... Y eso me hace sentir... Y me limita en...

Ejercicio
Trabajando en mi diálogo interno

¿Cómo te hablas? ¿Qué cosas te dices o piensas cuando algo no sucede como esperabas? ¿Has tomado consciencia de la manera en la que te hablas cuando te nombras? ¿Qué palabras utilizas cuando te equivocas? ¿Y cuándo consigues un objetivo?

Piensa en palabras o frases hirientes y negativas que te dices a ti mismo en los momentos en los que algo no sale según tus expectativas, o cuando crees que has fallado en algo. Al lado escribe una frase o palabra positiva, en respuesta, que sea más constructiva. Cuestiona tu diálogo negativo, cuestiona las palabras que usas. Sigue el ejemplo.

Diálogo negativo	Diálogo constructivo
«Soy un inútil».	«¿Por qué me llamo inútil?». «¿Solo porque he fallado?». «Voy a concentrarme en que lo intenté».

En conclusión, tener una voz interior saludable comporta una gran importancia para mantener una buena autoestima, para el bienestar emocional, la toma de decisiones y el desarrollo personal.

Cultivar una relación positiva con nuestra voz interna nos permite desarrollar una autoestima sólida, confiar en nuestras capacidades y enfrentarnos a los desafíos con mayor seguridad. También nos va a ayudar en el mantenimiento de una gestión emocional equilibrada y a desarrollar la capacidad de resiliencia ante las adversidades del curso de la vida. Una voz interior saludable nos permite establecer límites, comunicarnos de manera efectiva y construir relaciones interpersonales más positivas. También fomenta la autocompasión y nos permite aprender de nuestros errores y celebrar nuestros logros. En resumen, al nutrir una voz interior saludable podemos experimentar una mayor satisfacción, equilibrio y felicidad en todas las áreas de la vida. Es un proceso continuo que requiere autorreflexión, práctica y autocompasión, pero los beneficios son numerosos. Te invito a cultivar una voz interior compasiva y alentadora, que te apoye, te motive y te acompañe hacia una vida en plenitud.

10

CONSEJOS VENDO, Y PARA MÍ NO TENGO

El consejero sabio

Había una vez en un pequeño pueblo un consejero sabio, que poseía una sabiduría innata y una capacidad excepcional para brindar consejos a aquellos que lo buscaban. Su reputación se extendió rápidamente y pronto personas de todas las edades y condiciones comenzaron a acudir a él en busca de orientación y sabiduría.

Dedicaba su vida a escuchar a los demás con empatía y comprensión, brindando consejos de lo más acertado y reconfortante. Su conocimiento abarcaba una variedad de aspectos de la vida. Todos iban a su encuentro en busca de ese consejo que los ayudaba en su desarrollo personal y en la búsqueda de la felicidad.

A pesar de sus habilidades excepcionales para ser consejero de los demás, en su interior luchaba con una crítica implacable hacia sí mismo. La duda y la inseguridad lo visitaban con mucha frecuencia. Cada vez que brindaba un consejo, se preguntaba si de verdad era lo bastante sabio o si podía seguir su consejo en su propia vida.

Esta autocrítica constante generaba un conflicto interno. Mientras ayudaba a otros a encontrar soluciones y consuelo, no podía aplicar la misma compasión y comprensión hacia sí mismo. Sus propias inseguridades se interponían en su camino y le impedían encontrar la paz interior y la felicidad que él mismo anhelaba.

Un día, una joven mujer llamada Cristina llegó a la puerta del sabio en busca de consejo. Ella estaba pasando por una crisis emocional y se sentía perdida. El sabio, como siempre, escuchó atentamente y le brindó consejos que fueron muy adecuados para ella.

Cristina pudo percibir la tristeza en los ojos del sabio. Se dio cuenta de que el hombre que parecía tener todas las respuestas para los demás se debatía en una lucha interna. Cristina, compasiva, se acercó a él y le recordó que la sabiduría que compartía con los demás también se aplicaba a su propia vida.

Las palabras de Cristina dejaron huella en el sabio, que comenzó a cuestionar su autocrítica implacable y a abrazar la compasión hacia sí mismo. Comenzó a aceptar la imperfección como parte de la vida y la autoaceptación como parte del camino para alcanzar la sabiduría y la felicidad.

A medida que abrazaba la compasión hacia sí mismo, su sabiduría se volvió aún más profunda y significativa. Los consejos que daba a los demás ahora iban acompañados de una completa autenticidad y una sabiduría interior más sincera, esto propició una conexión más profunda con todas las personas a las que ayudaba.

Con el tiempo aprendió a equilibrar su papel de consejero sabio con el cuidado y la compasión hacia sí mismo. Se convirtió en un faro de luz para los que buscaban su consejo, pero también comenzó a fraguar su propia luz, con lo que encontró su propia paz interior.

La historia del sabio consejero nos enseña que, a veces, los consejeros más sabios son los que también luchan con sus propias inseguridades. A través de la autocompasión y el amor propio podemos encontrar la fuerza para ayudar a otros y descubrir nuestro propio camino hacia la sabiduría y la felicidad.

¿Te has sentido alguna vez como el sabio consejero?

¿Eres de esas personas a las que todos los amigos buscan para pedirles consejo, pero no te los aplicas a ti mismo?

Actuar como nuestro peor juez es algo muy común, ser poco compasivos con nosotros mismos puede tener causas múltiples y es un comportamiento arraigado en la complejidad de la naturaleza humana.

Cuando se trata de los demás, tendemos a ser más compasivos y comprensivos. Nos es más fácil ver las dificultades y desafíos a los que se enfrentan las otras personas y extendemos una mano amiga para apoyarlas y animarlas. La perspectiva con la que analizamos las experiencias de los demás es más objetiva; esto se debe a que tenemos una perspectiva exterior que no cuenta con la influencia emocional de vivirlo en primera persona. Además, la empatía y la compasión son cualidades inherentes a nuestra naturaleza humana y nos sentimos motivados a ayudar y brindar apoyo a los demás.

Es primordial que recordemos la importancia de aplicar esa misma compasión y comprensión hacia nosotros mismos. La autocompasión no implica que ignoremos nuestras responsabilidades, sino que nos tratamos con amabilidad y comprensión a medida que avanzamos en nuestro camino.

¿QUÉ ES LA AUTOCOMPASIÓN?

La autocompasión es la forma en que nos tratamos a nosotros mismos; implica amabilidad, comprensión y la aceptación en los momentos difíciles, en el dolor y en el fracaso. Cultivar la autocompasión puede ser transformador para nuestra salud mental, emocional y espiritual.

La autocompasión es la mezcla de tres componentes fundamentales:

- Amabilidad hacia uno mismo.
- Humanidad compartida.
- Conciencia plena.

Ser amable contigo mismo implica tratarte con ternura, con delicadeza, con cuidado, tal y como lo harías con un buen amigo que está pasando por un momento complicado.

Es importante que identifiques y que valides tus emociones si no te estás sintiendo bien. Frases como: «No tienes que estar así» o «No debo llorar» te invalidan emocionalmente, te ponen una coraza y hacen que todas tus emociones queden encapsuladas como en una olla a presión, y en algún momento se manifestarán de una forma u otra. Recoge esas emociones, acógelas con ternura y empatía. Permítete sentir, regálate palabras de aliento y apoyo, y no te juzgues.

Por otro lado, la humanidad «compartida» nos ayuda a comprender que sufrimiento y desafío son compañeros inevitables en el camino de la vida. Nos ayuda a reconocer que todos somos imperfectos y que cada cual está combatiendo sus propias batallas, que son similares en muchas ocasiones, y que lo que las diferencia son solo los protagonistas y el espacio temporal. Sentirnos comprendidos, sentir que no somos bichos raros nos permite romper con la sensación de aislamiento.

Por último, otro pilar fundamental en la autocompasión es la conciencia plena. No te juzgues ni te resistas a lo que estás sintiendo, y lleva la atención al momento presente. Observa esos pensamientos sin identificarte por completo con ellos; te ayudará a cultivar la aceptación contigo mismo y con tus experiencias y vivencias.

Que seas compasivo no significa que justifiques o toleres comportamientos perjudiciales o autodestructivos, sino que reconozcas las dificultades y los retos de forma honesta, sin castigarte ni juzgarte. En este viaje a través de la autocompasión le encontrarás el sentido a aprender de los errores y a tomar las medidas para crecer, sanar y desarrollar la resiliencia emocional.

LA RESILIENCIA, FIEL COMPAÑERA DE LA AUTOCOMPASIÓN

La relación que existe entre resiliencia y autocompasión es estrecha y complementaria, ambas se fortalecen y potencian entre sí.

La resiliencia es la capacidad de adaptarnos y recuperarnos de las dificultades. Implica enfrentarse a los desafíos, superarlos y crecer a partir de ellos. La resiliencia nos permite mantener una actitud positiva y constructiva, incluso en situaciones difíciles.

La autocompasión desempeña un papel crucial en la

resiliencia porque nos proporciona una base emocional sólida desde la cual podemos enfrentarnos a los obstáculos y superarlos. Cuando somos amables y compasivos con nosotros mismos, estamos creando un ambiente interno seguro y de apoyo. Esto nos brinda la confianza y la fortaleza necesarias para hacer frente a los desafíos, aprender de ellos y seguir adelante.

A medida que nos volvemos más resilientes, también fortalecemos nuestra capacidad de ser autocompasivos en situaciones difíciles.

En conclusión, autocompasión y resiliencia están intrínsecamente relacionadas. La autocompasión nos proporciona el apoyo emocional necesario para enfrentarnos a los desafíos, mientras que la resiliencia sale fortalecida por la capacidad de ser amables y compasivos con nosotros mismos en momentos difíciles. Al cultivar la autocompasión, podemos fortalecer nuestra resiliencia y enfrentarnos a los desafíos de manera más efectiva y constructiva.

LA RESILIENCIA, LA SEMILLA NECESARIA PARA ATRAVESAR LAS SACUDIDAS

La resiliencia es como una semilla que habita en nuestro interior, lista para florecer incluso en los terrenos más áridos y desafiantes de la vida. Es el arte de convertir las adversidades en oportunidades de crecimiento, de encontrar fuerza en los momentos más oscuros y de mantener una actitud valiente frente a los golpes del destino.

Imagina un árbol majestuoso, firme y poderoso, en medio de una tormenta furiosa. Algunas hojas se caen, sus ramas se balancean y se doblan bajo la fuerza del viento, pero no se rompen. En lugar de eso, el árbol se adapta a la fuerza de la tormenta, sus raíces profundas le dan la estabilidad necesaria para permanecer en pie y hasta sus hojas se ven bonitas con el movimiento, como si de una coreografía se tratara. Así es la resiliencia en acción: una danza audaz y elegante con la adversidad.

Las personas resilientes no se desmoronan ante las dificultades, sino que se levantan con una determinación inquebrantable. Eso no implica que no les afecte o que no puedan atravesar un periodo complicado, claro que sí, pero en su mente florece esa semilla de la resiliencia que aporta esa esperanza y optimismo necesarios para poder continuar adelante, a pesar de que las nubes impidan ver con claridad el camino y la incertidumbre sea compañera de viaje. Son esas personas que en los obstáculos ven oportunidades de crecimiento y aprendizaje, y saben que cada caída es simplemente una invitación a levantarse con más fuerza y sabiduría.

La resiliencia es un eco de valentía en el corazón humano. Las personas resilientes saben que no pueden controlar los giros del destino, pero pueden controlar cómo responden ante ellos. Eligen responder con resiliencia, con la fe inquebrantable en su propia capacidad para superar cualquier desafío que se les presente.

La resiliencia es como un baile en la cuerda floja de la vida. Requiere equilibrio, agilidad y una confianza intrépida en nuestras habilidades. Pero también es la disposición a pedir ayuda cuando nos tambaleamos, a buscar el apoyo de aquellos que nos rodean y a confiar en que no estamos solos en nuestro viaje. La resiliencia es un acto de valentía colectiva, una sinfonía de corazones resilientes que se unen en tiempos de dificultad.

En lo más profundo de la resiliencia reside la magia de la autotransformación. Cuando nos encontramos cara a cara con nuestras propias sombras y miedos, la resiliencia nos invita a mirar más allá de ellos y encontrar la chispa de luz que yace en nuestro interior. Nos insta a abrazar nuestra vulnerabilidad, a aceptar nuestras imperfecciones y a reconocer que somos seres en evolución constante.

La resiliencia es el arte de florecer en medio de las tormentas, la capacidad de encontrar fuerza en la fragilidad y de ver oportunidades en los desafíos. Es una llamada a abrazar la incertidumbre con valentía y a confiar en nuestra propia capacidad para adaptarnos y crecer. La resiliencia es el coraje que nos permite escribir nuestra historia con letras audaces y vibrantes, transformando las dificultades en pilares de fortaleza y superación.

Ejercicio
Mi carta compasiva

Escríbete una carta a ti mismo como si fueras tu mejor amigo o tu propio apoyo. Pon en ella palabras de aliento, motivación y amor hacia ti mismo. Describe tus fortalezas, logros y cualidades positivas. Lee esta carta con regularidad para recordarte a ti mismo tu valía y reforzar una autoimagen positiva.

_____

_____

_____

_____

_____

_____

_____

_____

_____

_____

_____

_____

_____

Ejercicio
Afirmaciones positivas

Crea una lista de afirmaciones positivas sobre ti mismo. Estas afirmaciones deben ser declaraciones en presente y deben reflejar aspectos que te gustaría creer o sentir sobre ti mismo.

Utilizar afirmaciones positivas y palabras de aliento nos ayuda a recordarnos nuestra valía y nuestra capacidad para enfrentarnos a los desafíos que la vida nos pone por delante.

Soy capaz.
Soy valioso.
Soy poderoso.

_____

_____

_____

_____

_____

_____

_____

_____

_____

Durante este recorrido por el concepto de autocompasión hemos explorado su significado y los beneficios que conlleva. Hemos comprendido que la autocompasión implica tratarnos a nosotros mismos con amabilidad y compasión, reconociendo y aceptando nuestro propio sufrimiento y valorándonos de forma incondicional.

La autocompasión no es solo una actitud o una habilidad que se puede desarrollar de manera ocasional, sino que es un enfoque continuo hacia nosotros mismos y hacia la vida. Es un viaje que requiere práctica, paciencia y dedicación. Cultivar la autocompasión nos permite construir una relación sana con nosotros mismos, lo cual es esencial para nuestro bienestar y crecimiento personal.

La autocompasión tiene un impacto profundo y positivo en nuestra vida. Al practicar la autocompasión, experimentamos una mejora significativa en nuestra salud mental y emocional, reduciendo el estrés, la ansiedad y promoviendo un mayor bienestar general. La autocompasión también fortalece nuestra resiliencia y nuestra capacidad de afrontamiento, y nos permite enfrentarnos a los desafíos de manera más efectiva y encontrar oportunidades de crecimiento en medio de las dificultades.

Además, la autocompasión fomenta relaciones interpersonales sanas y auténticas. Nos permite ser más empáticos y compasivos hacia los demás, y promueve la conexión emocional y la solidaridad en nuestras interacciones sociales.

Al abrazar la autocompasión, estamos abriendo la puerta hacia una vida más plena, afectiva y con sentido trascendental.

11

LAS COMPARACIONES SON ODIOSAS

Desde el mismo momento de la concepción, el ser humano se encuentra inmerso en un entorno de comparación. Incluso antes de nacer, las expectativas y las comparaciones empiezan a rondar a ese pequeño ser.

En el útero materno, el germen de la comparación comienza a echar raíces; a medida que crecemos y nos adentramos en el mundo exterior, las comparaciones se vuelven más evidentes. Se comparan las habilidades cognitivas, físicas, emocionales y sociales con las de otros niños de la misma edad. Se establecen expectativas basadas en el rendimiento académico, los logros deportivos o la apariencia física. Todo esto va calando en nuestro interior, va haciendo que esta semilla germine poco a poco y que esas comparaciones que antes partían del entorno comiencen a partir de nosotros mismos.

¿QUÉ IMPLICA LA COMPARACIÓN CON LOS DEMÁS?

Cuando nos comparamos, evaluamos nuestros logros y nuestras cualidades, tomando como referencia las características que percibimos en los otros y no lo que somos y los avances que hemos conseguido.

Estoy segura de que en alguna ocasión estabas supercontento por algún éxito que hubieras tenido, como una nota en un examen o algo que te hubieras comprado, y al hablar con un amigo te diste cuenta de lo que él había sacado en el examen y tu alegría se vio opacada porque tu nota era inferior, a pesar de que fuera también buena o de que te hubiera supuesto muchísimo esfuerzo.

La comparación es algo que se produce de forma bastante frecuente y que tiene un impacto significativo en nuestra autoestima, confianza y bienestar emocional. La comparación constante puede generar sentimientos de insuficiencia, ansiedad y competencia desmedida, lo que afecta de manera negativa a nuestra salud mental y a nuestras relaciones interpersonales.

¿QUÉ FACTORES INFLUYEN EN LA COMPARACIÓN CON LOS DEMÁS?

La sociedad establece unos estándares que determinan cómo deberíamos ser, qué hitos deberíamos alcanzar y cómo deberíamos vernos a nivel exterior en el ámbito social. Estas normas pueden generar la necesidad de compararnos con los demás para evaluar si estamos cumpliendo con dichos estándares.

Creo que todos nos hemos sentido presionados en ocasiones por no cumplir con estos requisitos, con no encajar con los demás, y hemos perdido de vista la importancia de la autenticidad.

Tu esencia es lo que te diferencia, lo que te hace único y especial; no la pierdas por ser como los demás, por tratar de agradar, por no salirte del molde. Confía en tus cualidades, en tus gustos, siéntete orgulloso y deja que sean tu sello de identidad allá donde vayas. Alza la frente y sigue adelante con seguridad.

Puede que sientas que no encajas en el molde, pero es importante entender que no le podemos gustar a todo el mundo, hay que asumirlo, pero, al menos, ¡gústate a ti! Mírate al espejo, reconócete y siéntete orgulloso de la persona que tienes enfrente.

Por otro lado, vivimos en una sociedad donde todo se muestra en las redes sociales, pero ¡ojo!, todo lo bueno. Esto crea un estándar totalmente distorsionado, con imágenes de éxito y perfección. Se nos presentan vidas que parecen perfectas, pero, cuando comparamos con nuestra propia rutina, vemos días de tristeza y agotamiento. Lidiar con hijos que, en ocasiones, nos desafían y cuerpos que no se ajustan a los estándares de revistas o fotos retocadas con Photoshop nos deja en una posición desfavorable. Sin embargo, quiero recordarte que no estás solo y no eres raro. La realidad de la vida se asemeja más a lo que estás experimentando que a lo que se muestra en apariencia. En mis redes también comparto a veces pequeños trocitos de mi vida, y cuando tengo un mal día os lo muestro para que veáis que eso es lo habitual, tener días buenos, pero también malos, y que, aunque yo soy psicóloga no soy superheroína y no siempre sé gestionar mis emociones. También tengo días complicados en los que me permito sentir esas emociones y no puedo mostrar mi mejor versión por el hecho de tener un perfil público. Si necesito distancia, me la tomo y escucho a mi cuerpo. ¡No te sientas raro, eres humano!

No solo se distorsiona la imagen corporal o emocional, también se distorsionan las vivencias. Vidas llenas de viajes, salidas, casas en perfecto orden Claro, cuando ves tu realidad te frustras enseguida, pero quizá es que ni es lo que quieres. Quizá tú estás feliz con tu realidad actual, sin hacer grandes viajes, disfrutando de tu familia, disfrutando de tu casa; cada persona tiene unas necesidades diferentes y unas no son mejores que las otras. Escucha a tu cuerpo; si lo que te pide es calma y tranquilidad, no le des grandes planes porque es lo que estás viendo que hace todo el mundo. Por ello tu vida no va a ser más triste o peor, simplemente es tu forma de vivir.

Otro de los factores que hacen que germinen estas semillas de la semejanza son las comparaciones que hacen nuestros seres queridos cuando te están comparando constantemente, desde que tienes uso de razón, con los compañeros, con los primos, con las notas de los compañeros, con el comportamiento de los demás, con la forma de vestir... Con estos comentarios, por un lado, se siembra la base de la inseguridad, y, por otro, te habitúan a la tendencia a semejarnos con todos y a dejar de darle valor a todo lo que provenga de nosotros. Lo que hacen los demás siempre es mejor que lo nuestro, aunque no tengamos razones para pensar en ello.

¿QUÉ CAUSAS SUBYACEN A LA COMPARACIÓN?

La inseguridad personal es una causa bastante común que nos lleva a compararnos con los demás. Buscamos la validación y la aprobación externa para sentirnos valiosos y aceptados. Unido a esta inseguridad a veces necesitamos ese reconocimiento de que lo que hemos hecho está bien, porque no tenemos confianza en nuestra valía y en nuestro criterio.

Bajo el manto de la comparación también se encuentra la autocrítica; si somos muy críticos con nosotros mismos, tendemos a reforzar esas críticas con las comparaciones ajenas.

Otra de las causas que va de la mano de la comparación es la mentalidad de competencia. Si creemos que el éxito, la belleza o la felicidad están destinadas solo a unos pocos, nos vemos obligados a compararnos y a competir con los demás para obtener esa parte que consideramos justa y para no quedarnos atrás o no perder lo que consideramos valioso.

La importancia de fomentar una sociedad empática y diversa

En nuestra sociedad actual es básico promover la empatía y la comprensión hacia los demás. Vivimos en un mundo diverso, lleno de individuos con experiencias y perspectivas únicas. Practicar la empatía nos permite acercarnos a esas vivencias, escuchar activamente y mostrar un interés genuino por las historias de los demás. Al hacerlo, nos abrimos a un mundo de comprensión y respeto hacia las diferencias individuales.

No debemos juzgar a los demás. En lugar de ello, cultivemos la comprensión y el respeto hacia quienes nos rodean. Cada persona tiene su propio viaje y sus propias metas. Celebrar los logros y éxitos individuales sin comparaciones es una manera de fomentar un ambiente de apoyo y colaboración. Debemos alegrarnos de forma sincera por los triunfos de los demás reconociendo que el éxito no se limita a una única medida.

En nuestras relaciones personales, es fundamental cultivar la autenticidad y el apoyo mutuo. Las relaciones basadas en la autenticidad nos permiten ser nosotros mismos y sentirnos seguros con quienes somos. Brindar apoyo y aliento a los demás en sus metas y sueños, sin comparar sus logros con los nuestros, fortalece los lazos de confianza y construye una base sólida para relaciones saludables.

Valorar las diferencias individuales es otro aspecto clave. Cada persona tiene sus propias fortalezas y contribuciones únicas. Reconocer y apreciar estas diferencias nos enriquece como sociedad. Al practicar la colaboración en lugar de la competencia desmedida buscamos oportunidades para trabajar juntos, aprender de los demás y crecer colectivamente. De esta manera, todos nos beneficiamos del éxito y el crecimiento mutuo.

Al fomentar una cultura de apoyo y celebración de las diferencias, podemos contrarrestar la comparación negativa y crear un entorno en el que las personas se sientan valoradas y aceptadas por quienes son. Celebremos los logros individuales y cultivemos relaciones saludables basadas en el apoyo mutuo. Contribuyamos a crear una sociedad más inclusiva, empática y enriquecedora para todos. Juntos podemos construir un mundo en el que la empatía y la comprensión sean la base de nuestras interacciones y relaciones.

El rincón de envidia

Imagínate un bonito jardín donde crecen flores de diferentes especies y colores. Cada flor es única en su belleza y radiante en su propio esplendor. Las flores no se preocupan por compararse entre sí, sino que florecen libremente, compartiendo su fragancia y color con el mundo.

Sin embargo, en un rincón de este jardín hay una pequeña planta llamada Envidia, que constantemente se compara con las otras flores. Observa cómo

Envidia se retuerce y se marchita despacio, enredada en su propio resentimiento. Mientras las demás flores florecen, ella se siente opacada e infravalorada.

Un día, una brisa sabia se acercó a Envidia y le susurró: «Querida Envidia, tu verdadero poder reside en ser tú misma. No te compares con las demás flores, abraza tu propia singularidad y despliega tus propios pétalos únicos».

Inspirada por estas palabras, Envidia comenzó a aceptarse a sí misma y a apreciar su propia belleza. Lentamente, sus pétalos comenzaron a abrirse; lucían de un color naranja intenso y su fragancia era superpeculiar y atrayente. Ella era la flor que completaba a la perfección ese jardín, le daba la nota de color y armonía que le faltaba. Mientras tanto, las otras flores del jardín observaban asombradas y aprendían una valiosa lección.

A medida que Envidia floreció en todo su esplendor, ella y las otras flores se dieron cuenta del daño que hacía compararse con las otras y vivir con sentimientos continuos de inferioridad y resentimiento. Comprendieron que cada una de ellas es especial y que posee una belleza única que enriquece el jardín en su conjunto.

Y así el jardín se transformó en un lugar de celebración y admiración mutua, donde cada flor florecía en su propia belleza, sin temor a la comparación.

Nuestra verdadera grandeza consiste en abrazar nuestra singularidad y valorar las diferencias que nos hacen únicos.

Envidia: Cuando la comparación se tiñe de rivalidad y competencia

La envidia, ese sentimiento sutil pero corrosivo que se arraiga en los corazones humanos, que nos nubla la visión y nos oscurece el alma. Es como una sombra que se extiende sigilosa, alimentada por la insatisfacción y el resentimiento hacia los logros, las cualidades o las posesiones de los demás. Pero ¿qué despierta en realidad este veneno en nuestro interior?

La envidia se manifiesta de diferentes formas, tejiendo una red compleja de emociones y comportamientos. Sentimos un resentimiento ardiente, una especie de fuego que consume nuestra paz interior. Y en ese fuego también arde un deseo avasallador, una necesidad apremiante de poseer lo que tienen otros. Nos comparamos sin cesar y encontramos siempre una medida en la que nos sentimos inferiores, en desventaja. Surge una rivalidad insidiosa, una competencia en la que nos enredamos en un afán por superar a aquellos que envidiamos.

Pero la envidia no se limita a la mera comparación y rivalidad, va más allá y busca devaluar los logros y éxitos ajenos. Desestimamos lo que otros han conseguido y minimizamos su valía para sentirnos mejor con nosotros mismos. En nuestro afán de enmascarar nuestra envidia, nos vestimos con una sonrisa fingida, actuando amistosamente hacia aquellos a quienes envidiamos en secreto.

¿Qué factores alimentan esta oscura llama? La autoestima baja, la falta de confianza y la sociedad competitiva son el combustible perfecto para la envidia.

La envidia no solo oscurece nuestra mente y nuestra alma, sino que también tiene efectos perjudiciales en nuestra salud mental y emocional, así como en nuestras relaciones interpersonales. El resentimiento constante y la insatisfacción generan estrés y ansiedad, y socavan nuestra propia felicidad. La envidia sin resolver puede destruir la confianza y la conexión emocional con quienes nos rodean. Además, nos impide avanzar, nos estanca en una lucha infructuosa por igualar o superar lo que otros han logrado.

Pero hay esperanza, siempre hay una luz al final del túnel. Podemos superar la envidia y liberarnos de su influencia tóxica. Comienza con el autoconocimiento y la autorreflexión, examinando nuestros propios sentimientos y reflexionando sobre las causas subyacentes de nuestra envidia. Cultivar la gratitud y el aprecio por lo propio nos ayuda a valorar lo que tenemos y a reconocer nuestras propias cualidades y logros. Practicar la empatía y alegrarnos sinceramente por los éxitos de los demás nos libera de la amargura y nos permite experimentar la alegría genuina.

No olvides trabajar en el amor propio y la aceptación

personal. La envidia es a menudo un reflejo de nuestras propias inseguridades y es fundamental construir una imagen positiva de nosotros mismos. Al mismo tiempo, debemos cultivar una cultura de apoyo y celebración mutua. Reconozcamos y valoremos las diferencias individuales, celebremos la diversidad y evitemos las comparaciones. Fomentemos la colaboración y el apoyo entre las personas creando un ambiente en el que todos podamos crecer y florecer juntos.

En definitiva, la envidia es una sombra que puede nublar nuestros días y envenenar nuestras relaciones, pero tenemos el poder de deshacernos de ella. Celebremos nuestra propia vida y la de los demás construyendo un mundo donde la gratitud y el aprecio por la singularidad de cada individuo reemplacen la envidia. Dejemos que nuestra luz brille sin temor y encontremos la verdadera felicidad en la aceptación de nosotros mismos y en el florecimiento de los demás.

Ejercicio
Mindfulness para soltar la comparación y apreciar la esencia propia

Puedes escuchar esta meditación en el pódcast de *Soltar para avanzar*.

Bienvenido a esta meditación guiada, un espacio sagrado para liberarnos de la comparación y resaltar nuestra propia valía. Encuentra un lugar tranquilo donde puedas sentarte cómodamente y cerrar los ojos.

Comencemos centrándonos en nuestra respiración. Respira hondo, inhalando suavemente por la nariz y exhalando lentamente por la boca. Siente cómo tu cuerpo se relaja con cada respiración, dejando atrás cualquier tensión o preocupación.

Cada vez que inhales, siente que el aire te recorre los pulmones, que el cuerpo se recarga de energía y vitalidad, y con cada exhalación percibe el aire entre los labios y cómo salen todas las malas energías, el estrés acumulado, los pensamientos negativos.

Ahora quiero que te imagines flotando en un mar tranquilo y cristalino. Siente la suavidad del agua que te sostiene, la calidez del sol que te ilumina el rostro, el olor a mar, los sonidos que te envuelven de las olas. Disfruta de estas sensaciones.

Observa cómo cada ola se forma y desaparece en perfecta armonía, sin compararse con las demás. Cada ola tiene su propio ritmo y belleza única, igual que tú. Todas diferentes pero todas especiales.

Permítete soltar cualquier comparación que puedas hacer contigo mismo o con los demás. Reconoce que llevas en ti una energía y una esencia que te hacen especial y valioso.

Continúa disfrutando de esa playa, vislumbrando el mar, con sus olas en el horizonte, y cómo llegan a la orilla.

Dirige la atención hacia tu interior, hacia tu propio ser. Siente cómo la luz brilla en tu corazón irradiando tu verdadera esencia.

Recuerda momentos en los que has experimentado amor, compasión y sabiduría. Celebra tus propias fortalezas y reconoce la contribución única que has hecho al mundo.

Eres valioso simplemente por ser quién eres. No necesitas compararte con nadie más para validar tu valía. Eres suficiente tal como eres, con todo tu potencial y capacidad de brillar.

Imagina momentos en los que hayas sido totalmente auténtico, en los que haya salido toda tu esencia; recuerda cómo te sentías, cómo salieron a relucir tus fortalezas y valías.

Cada vez que te encuentres tentado a compararte con los demás, recuerda esta sensación de valía interna y suelta la necesidad de comparar. Permítete vivir tu vida de forma plena, confiando en tu propio camino y abrazando tu propia esencia.

Con cada respiración, siente que la liberación de la comparación y el ensalzamiento de tu valía personal te empoderan y te permiten vivir una vida auténtica y significativa.

Permítete escuchar y absorber estas palabras motivadoras para fortalecer tu creencia en tu propia valía. Y ahora repite conmigo en silencio o en voz baja:

«Soy único y valioso tal como soy».

«Mi valía no depende de que me compare con los demás».

«Confío en mi propio camino y en mi capacidad para alcanzar mis metas».

«Celebro mis logros y reconozco mi propio progreso».

«Aprecio mi individualidad y mi contribución única al mundo».

Poco a poco nos vamos a ir alejando del mar, de esta playa. Vamos a disfrutar de los últimos instantes para llevarnos todas las sensaciones al resto de nuestro día, y a medida que regresamos quiero que te lleves contigo el recordatorio de tu valía personal y la liberación de la comparación. Abre poco a poco los ojos y enfréntate al mundo con una nueva perspectiva.

Gracias por participar en esta meditación guiada. Que la valía y la aceptación de ti mismo iluminen tu camino y te permitan vivir una vida plena y auténtica. Recuerda siempre que eres único y valioso. Confía en tu propio brillo y permite que guíe tus pasos.

Estrategias para superar la comparación con los demás

1. Toma conciencia de los pensamientos y patrones de la comparación. Identifica los desencadenantes y las situa-

ciones que nos llevan a la comparación. Percibe cómo te hacen sentir y cómo te afecta.

2. Desafía esos pensamientos negativos, analiza la evidencia real y objetiva que respalda nuestras creencias negativas y reemplázalas por afirmaciones positivas.

3. Enfócate en tus progresos personales. Celebra tus logros y avances personales sin compararlos con los de los demás. Cultiva la gratificación interna y el disfrute de tu propio progreso, en lugar de depender de la validación externa.

4. Practica la autocompasión y la aceptación. Trátate con amabilidad, reconociendo que somos seres humanos imperfectos. Acepta tus fortalezas y debilidades sin juzgarte o compararte con los demás.

5. Cultiva una mentalidad de colaboración y apoyo mutuo. La vida no es una competición, sino una oportunidad para aprender y crecer juntos. Celebra los éxitos y logros de los demás en lugar de compararte o sentir envidia.

Al poner en funcionamiento estas estrategias, podemos reducir la tendencia a compararnos con los demás y comenzar a valorar nuestra propia valía y nuestro progreso personal. La clave está en desarrollar una conciencia mayor de nuestros pensamientos, desafiar los patrones negativos y enfocarnos en nuestro crecimiento individual sin depender de la validación externa. Al hacerlo, podemos liberarnos de la trampa de la comparación y vivir una vida más plena y auténtica.

12

PERSONAS QUE NO TE APORTAN NI TE HACEN BIEN

A lo largo de mi vida, en ocasiones me he encontrado rodeada de personas que, por desgracia, no me aportaban mucho o incluso me restaban. Al principio puede resultar difícil reconocer que ciertas amistades no nos aportan nada. Tal vez nos aferramos a la esperanza de que las cosas mejoren o tememos enfrentarnos a la realidad de que no somos una prioridad para ellas. Sin embargo, llega un momento en el que debemos confrontar esta situación y tomar decisiones difíciles pero necesarias.

Deshacerse de las relaciones que hemos mantenido durante mucho tiempo implica hacer frente a una serie de emociones difíciles, como la tristeza, la decepción, la culpa e incluso el miedo a la soledad.

Es natural sentir una mezcla de emociones cuando nos alejamos de personas que no nos aportan nada. Nos duele dejar ir a alguien con quien hemos compartido momentos, recuerdos y experiencias. La idea de perder esa conexión, aunque sea tóxica, puede provocar una sensación de vacío y nostalgia.

Además, la culpa puede ser una compañera constante en este proceso. Nos preguntamos si estamos siendo egoístas al poner nuestras propias necesidades y bienestar por encima de la relación. Nos cuestionamos si podríamos haber hecho algo más para cambiar la dinámica o si deberíamos seguir intentándolo. La culpa puede hacernos dudar de nuestra decisión y dificultar el proceso de soltar.

El miedo a la soledad también puede resultar abrumador. Nos preocupa si podremos llenar el vacío dejado por estas personas en nuestra vida. Tememos la idea de que nos enfrentaremos a momentos difíciles sin su apoyo, aunque este apoyo haya sido limitado o inexistente en el pasado. El miedo a quedarnos solos puede generar ansiedad y hacer que nos aferremos a relaciones dañinas por miedo a tener que afrontarla.

Es importante reconocer y validar todas estas emociones. Es natural sentir dolor, tristeza y miedo cuando dejamos ir a las personas, incluso aunque nos aporten. Permítete sentir estas emociones y tómate el tiempo necesario para sanar.

Recuerda que soltar a las personas que no nos aportan nada beneficioso no significa que estemos solos. Al alejarnos de relaciones tóxicas, abrimos espacio para nuevas oportunidades y personas que de verdad nos valoren y nos apoyen. Puede llevar tiempo encontrar y construir nuevas conexiones significativas, pero el viaje hacia relaciones más saludables y satisfactorias vale la pena.

Busca apoyo en amigos cercanos o familiares; compartir tus sentimientos y experiencias con alguien de confianza puede ayudarte a procesar las emociones y obtener perspectivas diferentes. A medida que te cuidas en el ámbito emocional, te fortaleces y te preparas para crear una vida llena de relaciones sanas y enriquecedoras.

Recuerda: soltar a personas que no te aportan es un acto de amor propio y un paso crucial hacia tu propio bienestar. Permítete sentir, sanar y abrirte a nuevas conexiones que te enriquezcan emocionalmente. Mereces rodearte de personas que te valoren y te aporten, y estás dando un paso valiente en esa dirección.

No se trata de cortar bruscamente los lazos, sino de establecer límites saludables y alejarnos poco a poco de estas relaciones que no nos nutren. Es un proceso que requiere valentía y autodisciplina, pero los beneficios a largo plazo son enormes. Nos liberamos de la carga emocional y nos abrimos a nuevas posibilidades de crecimiento y felicidad.

Recuerda que mereces tener a tu lado personas que te aporten, te inspiren y te hagan crecer. No te conformes con menos de lo que mereces. Suelta a quienes no suman y abre tu corazón y tu vida a las relaciones que te llenen de alegría, amor y crecimiento. Tu bienestar y felicidad son una prioridad, y construir relaciones significativas es un paso fundamental en ese camino.

Relaciones sanas *versus* relaciones tóxicas

Relaciones sanas	Relaciones tóxicas
Comunicación abierta, sincera y respetuosa.	Comunicación deficiente o conflictiva: manipulación, silencios prolongados...
Existe un equilibrio en el compromiso, la atención y el esfuerzo mutuo.	Hay un desequilibrio en el compromiso y la atención. Uno se esfuerza mucho en satisfacer al otro y no recibe nada a cambio.
Ambas partes se brindan apoyo emocional mutuo. Se escuchan, se comprenden y se alientan en los momentos difíciles.	El apoyo emocional es escaso o inexistente. Uno o ambos miembros pueden sentirse juzgados, ignorados o invalidados en sus emociones.
Se promueve el crecimiento personal y se apoya el desarrollo individual.	El crecimiento personal se ve obstaculizado. Una persona puede sentirse limitada en sus aspiraciones, ya que la otra persona puede tener celos, envidia o intentar mantener el control.

El respeto mutuo es fundamental. Ambas partes se tratan con consideración, valoran las opiniones del otro y respetan los límites y las decisiones individuales.	El respeto es deficiente o inexistente. Puede haber abuso verbal, desprecio, falta de consideración por los sentimientos o deseos del otro.
Se respeta la individualidad y el espacio personal de cada uno.	Existe dependencia emocional y se invade el espacio personal del otro. Puede haber un control excesivo o una sensación de asfixia en la relación.
Se abordan los conflictos de manera constructiva y se busca una solución mutuamente satisfactoria.	Los conflictos se vuelven destructivos y se lucha por ganar o tener razón.
Existe confianza mutua y se sienten seguros el uno con el otro.	La confianza se ve comprometida. Puede haber mentiras, secretos o traición en la relación, lo que genera inseguridad y desconfianza entre ambas partes.

Estas son solo algunas diferencias entre una relación sana y una relación tóxica. Es importante reconocer los signos de una relación tóxica y buscar relaciones saludables, equilibradas y enriquecedoras para nuestro bienestar y felicidad.

Test para saber si te encuentras en vínculos tóxicos

1. ¿Me siento valorado y apreciado en esta relación?
   Sí ☐   No ☐

2. ¿Siento que la relación es equilibrada y recíproca?
   Sí ☐   No ☐

3. ¿Hay una comunicación abierta y sincera en esta relación y puedo expresar mis pensamientos y sentimientos sin ser juzgado o criticado?
   Sí ☐   No ☐

4. ¿Siento que en este vínculo se respetan mis límites y determinaciones y no me siento constantemente controlado en mis acciones y decisiones?
   Sí ☐   No ☐

5. ¿Esta relación tiene un impacto positivo en mi autoestima y confianza en mí mismo?
   Sí ☐   No ☐

6. ¿Me siento seguro y cómodo siendo yo mismo en esta relación y no siento que tenga que cambiar o esconder partes de mi personalidad para ser aceptado?
   Sí ☐   No ☐

7. ¿Esta relación me brinda un apoyo emocional genuino y no me siento criticado ni manipulado emocionalmente?

Sí ☐   No ☐

8. ¿La relación me inspira y me ayuda a crecer como persona y a sacar mi máximo potencial?

Sí ☐   No ☐

9. ¿Confío en esta persona y siento que puedo contar con ella?

Sí ☐   No ☐

10. ¿Me siento feliz y enriquecido en esta relación y no me drena emocionalmente ni me supone un estrés?

Sí ☐   No ☐

11. ¿Esta relación respeta mis valores, mis opiniones y mis necesidades?

Sí ☐   No ☐

12. ¿La otra persona no muestra signos de celos excesivos o posesividad hacia mí?

Sí ☐   No ☐

13. ¿La otra persona no tiende a culparme por sus problemas o situaciones difíciles evitando asumir su responsabilidad?

Sí ☐   No ☐

Evaluar estas preguntas puede ayudarte a tener una idea más clara de la naturaleza de tus relaciones y si son sanas o no. Si en la mayoría de las preguntas respondiste de forma negativa, probablemente te encuentras en una relación tóxica o poco saludable; considera establecer límites, buscar apoyo y tomar decisiones que promuevan tu bienestar emocional.

BANDERAS ROJAS EN LAS RELACIONES

▶ Falta de respeto: Si la otra persona constantemente te falta al respeto, te ridiculiza, te menosprecia o te insulta.

▶ Manipulación emocional: Si la persona intenta controlar tus emociones, te chantajea emocionalmente o te hace sentir culpable para conseguir lo que quiere, es señal de una relación manipuladora.

▶ Falta de confianza: Si hay una falta de confianza constante en la relación, como sospechas injustificadas o celos excesivos.

▶ Deslealtad y traición: Si la persona constantemente traiciona tu confianza, revela tus secretos o te «apuñala» por la espalda, es una señal de una relación poco saludable.

▶ Falta de apoyo: Si la otra persona no está presente para apoyarte en momentos difíciles, no muestra interés por tus problemas o no te brinda el apoyo emocional que necesitas, es una bandera roja de una relación poco solidaria.

▶ Dependencia emocional: Si te sientes emocionalmente dependiente de la otra persona y sientes que no puedes ser feliz o tener éxito sin su aprobación o presencia constante.

▶ Competencia destructiva: Si la relación se basa en una competencia constante y destructiva, donde la otra persona te menosprecia o intenta opacarte para destacar.

▶ Falta de reciprocidad: Si sientes que siempre estás dando en la relación sin recibir nada a cambio, o si la otra persona solo se acerca a ti cuando necesita algo, es una señal de una amistad desequilibrada y poco saludable.

Estas banderas grises pueden variar en cada situación y es importante que confíes en tus instintos y evalúes cómo te hace sentir la relación en general. Si observas varias banderas rojas, puede ser el momento de reevaluar la amistad y considerar tomar medidas para cuidar de tu bienestar emocional.

CLAVES PARA IDENTIFICAR PERSONAS QUE NO TE HACEN BIEN

Presta atención a cómo te hacen sentir:

Si una persona constantemente te hace sentir mal contigo mismo, inseguro o emocionalmente agotado, es una señal de que puede ser tóxica.

Recuerdo a un amigo que siempre me criticaba y les quitaba valor a mis logros. Cada vez que compartía algo emocionante, él lo minimizaba o intentaba opacarlo con sus propias experiencias. Al final, me di cuenta de que su negatividad constante estaba afectando a mi autoestima y decidí alejarme de esa amistad.

Observa sus acciones, no solo sus palabras:

El lenguaje no verbal nos transmite muchísima información y además no podemos controlarlo de forma tan consciente como el lenguaje verbal. Presta atención a cómo se comportan realmente y si sus acciones coinciden con lo que dicen.

Tuve un amigo que siempre decía que estaría allí para mí, pero cuando realmente necesitaba su apoyo, siempre encontraba excusas y nunca se presentaba. Me di cuenta de que sus palabras eran vacías y de que no podía confiar en él cuando de verdad lo necesitaba.

Observa los patrones de comportamiento:

Fíjate en si hay patrones de comportamiento consistentes que indican toxicidad, como manipulación, críticas constantes o falta de empatía hacia los demás.

Tenía una amiga que constantemente manipulaba las situaciones para obtener lo que quería. Siempre encontraba una manera de hacer que los demás se sintieran culpables si no hacían lo que ella deseaba. Me resultó difícil darme cuenta al principio, pero con el tiempo reconocí los patrones y decidí distanciarme de esa relación.

Observa cómo se relacionan con los demás:

Fíjate en cómo se comportan con otras personas en su vida. Si tratan a otros de manera tóxica o tienen relaciones conflictivas con múltiples personas, es probable que también lo hagan contigo.

Conocí a alguien que constantemente hablaba mal de sus amigos y se burlaba de ellos a sus espaldas. Incluso me di cuenta de que hacía lo mismo conmigo cuando no estaba presente. Eso me hizo darme cuenta de cómo era como persona y decidí alejarme de ella.

Recuerda que estas anécdotas son solo ejemplos y cada situación es única. Lo más importante es confiar en tu intuición y evaluar cómo te hace sentir la relación en general. Si reconoces patrones tóxicos, es importante cuidar de tu bienestar emocional y considerar establecer límites o alejarte de esas personas.

El proceso de dejar ir

Soltar y dejar ir a personas que no nos aportan puede ser un proceso muy doloroso. Implica despedirse de una conexión emocional, romper con los lazos que nos unían y desafiar al vacío que deja su ausencia. Suele ser un proceso largo en el tiempo, sabemos que es una decisión que debemos tomar, pero nos aferramos a los buenos momentos, al afecto que les tenemos o a la esperanza de que todo cambie.

El dolor de soltar proviene de múltiples aspectos. Primero, está el dolor de renunciar a la idea de lo que esperábamos que fuera la relación. Puede haber sueños, ilusiones y expectativas que ahora debemos dejar de lado. A veces, también experimentamos un duelo por la pérdida de lo que una vez fue una amistad cercana o un vínculo significativo.

Además, nos enfrentamos al dolor de aceptar que esa persona no nos valora ni nos trata de manera respetuosa. Es difícil aceptar que alguien a quien hemos apreciado y en quien hemos depositado nuestra confianza no es la persona que creíamos. Nos enfrentamos a la decepción y al dolor de reconocer que no podemos cambiar a la otra persona por más que lo intentemos.

El proceso de soltar puede implicar momentos de tristeza, soledad y nostalgia. Nos vemos obligados a confrontar nuestros propios sentimientos y a experimentar la ausencia de la persona que solíamos tener cerca. A veces, puede ser como lidiar con un vacío emocional, sobre todo si esa persona era una parte significativa de nuestra vida.

A pesar del dolor que conlleva soltar, es importante recordar que, al liberarnos de relaciones tóxicas, abrimos espacio para nuestra propia sanación y crecimiento. Aunque el proceso puede ser doloroso, es un paso crucial hacia nuestro bienestar completo.

Es fundamental tener paciencia con nosotros mismos durante este proceso. Permitirnos sentir y atravesar el dolor, buscar apoyo emocional y practicar el autocuidado son herramientas valiosas para superar el dolor y avanzar hacia la sanación. Con el tiempo, podremos encontrar la paz y la serenidad que merecemos al soltar a personas que no nos aportan y abrirnos a nuevas oportunidades de amor y conexión.

¿QUÉ ES UNA RELACIÓN SANA?

Una relación sana es la que nos nutre, nos fortalece y nos permite crecer tanto a nivel individual como en conjunto. Es un vínculo en el que existe un equilibrio entre dar y recibir, en el que prevalecen el respeto, la confianza y la comunicación abierta. En una relación sana nos sentimos seguros, valorados y amados.

Una de las características clave de una relación saludable es la reciprocidad. Ambas partes se esfuerzan por cuidar y apoyar a la otra de manera equitativa. Además, la comunicación efectiva es fundamental. Nos sentimos libres de expresar nuestras emociones, opiniones y necesidades sin temor a que nos juzguen o nos rechacen.

En una relación saludable, la comunicación efectiva es como el oxígeno que la alimenta. A través de una comunicación abierta y sincera construimos puentes de comprensión y conexión. Nos escuchamos mutuamente, validamos los sentimientos del otro y buscamos soluciones juntos.

El respeto mutuo es otro pilar fundamental en una relación sana. Nos tratamos con consideración, honramos los límites y las necesidades del otro, y evitamos cualquier forma de maltrato emocional o físico. Nos valoramos como individuos únicos y reconocemos que merecemos que nos traten con amor y dignidad.

CONSEJOS PRÁCTICOS PARA ESTABLECER LÍMITES Y MANTENER UNA RELACIÓN EQUILIBRADA

- Conoce tus necesidades y valores: Tómate el tiempo para identificar qué es importante para ti en una relación y qué límites estás dispuesto a establecer. Reconoce tus propios valores y asegúrate de que la relación esté alineada con ellos.
- Comunica tus límites de manera clara y respetuosa: Expresa tus necesidades y límites de manera asertiva. Hazlo con claridad y respeto, recordando que tus límites son válidos y dignos de respeto.
- Escucha y respeta los límites del otro: La construcción de límites saludables no es solo unidireccional. Escucha y respeta los límites que el otro establece y

reconoce que cada persona tiene sus propias necesidades y límites individuales.

- Aprende a decir «no» cuando sea necesario: No tengas miedo de decir «no» cuando algo vaya en contra de tus límites o valores.
- Comunicación abierta y sincera: Establece un espacio seguro en el que ambos podáis expresar los pensamientos, sentimientos y necesidades de manera abierta y sincera. Escucha activamente a la otra persona y muestra empatía hacia sus experiencias.
- Trabaja en construir la confianza: La confianza es la base de toda relación saludable. Cumple tus compromisos, sé transparente y fiable en tus acciones y palabras. Demuestra a la otra persona que puede confiar en ti y que estás comprometido con la relación.
- Expresa aprecio y gratitud: Reconoce y valora sus esfuerzos, fortalece la conexión y fomenta la reciprocidad en la relación.
- Practica la empatía: Intenta ponerte en el lugar de la otra persona, comprender sus perspectivas, emociones y experiencias. La empatía te permite conectar a un nivel más profundo y fortalecer la conexión emocional.
- Sé comprensivo: Acepta que cada persona es única y tiene su propia historia de vida y puntos de vista. Escucha activamente y muestra interés sincero en comprender a la otra persona sin juzgarla ni criticarla.

- Practica la escucha activa: Muestra interés en lo que la otra persona está diciendo. Haz preguntas abiertas y reflexivas para profundizar en su experiencia y demuestra que realmente valoras su perspectiva.
- Muestra apoyo incondicional: Trata de estar ahí para la otra persona en momentos de dificultad y celebrar sus éxitos. Bríndale apoyo emocional y alienta sus metas y aspiraciones.
- Tiempo de calidad: Dedica tiempo exclusivo para estar juntos, sin distracciones. Hacer actividades que os gusten, conversar y disfrutar de la compañía mutua.

Ejercicio
Poniendo límites, aprendiendo a decir «NO»

⚠ Alto ⚠

Primero me gustaría que eliminásemos de nuestra cabeza la creencia de que poner límites es de egoístas.

Establecer límites saludables es una parte esencial del autocuidado y el mantenimiento de relaciones equilibradas; no significa ser egoísta, sino más bien proteger nuestra salud emocional, establecer nuestras necesidades y mantener un equilibrio en nuestras relaciones.

Cuando establecemos límites claros y respetamos nuestras propias necesidades, estamos enriqueciendo nuestras relaciones al comunicar nuestras expectativas y permitir que los demás nos conozcan mejor. Poner límites nos ayuda a mantenernos fieles a nosotros mismos, a evitar el agotamiento emocional y a mantener relaciones más saludables y equitativas.

Es crucial entender que establecer límites no implica negar las necesidades de los demás o ser insensibles a sus sentimientos. En realidad, al poner límites estamos fomentando la comunicación abierta y sincera, lo que permite una comprensión mutua y una base más sólida para la relación.

Recuerda que cada individuo tiene el derecho de establecer sus propios límites y que estos límites pueden variar de una persona a otra. Poner límites es una expresión de amor propio y una forma de cuidar nuestra salud mental y emocional. Al hacerlo creamos relaciones más equilibradas, respetuosas y auténticas tanto para nosotros como para los demás.

Así que, ¡no temas establecer tus límites y recuerda que es una parte importante del cuidado personal y del desarrollo de relaciones sanas y significativas!

Una vez derribada esta creencia, vamos allá.

1. Elige el límite que quieras poner.

Yo utilizaré este ejemplo:
Una compañera nos invita a ir a un curso superinteresante el lunes, después del trabajo.

Ahora vamos a utilizar diferentes estrategias con este ejemplo.

2. Disco rayado:

Consiste en mantenerse firme repitiendo nuestro punto de vista una y otra vez en un tono calmado ante las insistencias.

Luna (compañera de trabajo):
Hola! Te apetece venir a un curso superinteresante el lunes después del trabajo?

YO: Gracias por la invitación, pero no puedo ir al curso del lunes. Tengo otro plan.

Luna (compañera de trabajo): Cómo que no vienes?? Tienes que venir, por favor!!

YO: No puedo, ya tengo mi entrada para ir al teatro.

Luna (compañera de trabajo):
A qué hora es? No puedes cambiarla?
Este curso no se podrá hacer de
nuevo hasta el año que viene!

YO: Realmente no puedo, ya compré la
entrada para ir al teatro.

3. Aplazamiento asertivo:

Implica quitarle urgencia a la demanda de la otra persona. Reflexionar antes de dar una respuesta automática, evitando un sí inmediato. Puedes tomarte un tiempo antes de comprometerte, diciendo: «No puedo contestarte ahora, lo pienso y te digo».

Antes de dar un sí automático, me pregunto: ¿Puedo y quiero ir a la reunión? ¿Tengo otras prioridades? Ahora sí, decido que esta vez priorizaré ir al teatro con mi pareja.

Luna (compañera de trabajo): Hola!
Te apetece venir a un curso
superinteresante el lunes después
del trabajo?

> YO: Pues ahora mismo no te puedo decir, cuando mire mi calendario te digo algo.

Aprovecho este tiempo para preguntarme:

¿Puedo y quiero hacerlo? ....

....

¿Tengo otras prioridades? ....

....

Decido ....

....

4. Técnica del sándwich:

Consiste en utilizar un elogio sincero, o la expresión de sentimientos positivos, antes y después de expresar algo que pueda molestar al interlocutor.

Positivo

Negativo

Positivo

> Luna (compañera de trabajo): Hola! Te apetece venir a un curso superinteresante el lunes después del trabajo?

> YO: Hola, Luna! Gracias por pensar en mí para compartir ese curso, sería genial hacerlo contigo (positivo), pero voy a ir al teatro ese día (negativo), estaré atenta a próximos cursos para que podamos ir juntas (positivo).

En conclusión, soltar a personas que no nos aportan es un acto de amor profundo hacia nosotros mismos. Puede ser un proceso desgarrador, como arrancar una parte de nuestro corazón, pero en ese acto de liberación encontramos la valentía para proteger nuestra propia alma y nutrir nuestro ser interior.

Es doloroso admitir que en la vida hay personas que nos hacen daño, que no nos valoran ni nos consideran una prioridad. Nos aferramos a la esperanza de que algún día cambiarán, de que nos verán y nos amarán de la manera que merecemos. Pero, a veces, debemos afrontar la realidad de que algunas conexiones no son saludables ni sostenibles para nuestro bienestar emocional.

En el proceso de soltar experimentamos una montaña

rusa de emociones. Sentimos el peso del amor no correspondido, la tristeza de perder a alguien que creíamos importante y el miedo a la soledad que se cierne sobre nosotros. Pero también una chispa de esperanza, una sensación de alivio y liberación al darnos cuenta de que merecemos más que las migajas de una relación tóxica.

Al soltar abrimos nuestras alas emocionales y nos permitimos volar hacia horizontes desconocidos. Aunque el camino pueda parecer incierto, sabemos en lo más profundo de nuestro ser que merecemos ser amados de una manera genuina, respetados en nuestra autenticidad y rodeados de personas que nos inspiren a crecer.

Establecer límites es un acto de amor propio. Es un compromiso con nuestra propia felicidad y bienestar. Al establecer límites claros estamos protegiendo nuestra energía y preservando nuestra integridad emocional. Estamos diciendo «no» a relaciones que nos hieren y abriendo espacio para que lleguen aquellas que nos nutran y fortalezcan.

En el camino de soltar, podemos encontrarnos luchando con la culpa y el miedo. Nos preguntamos si estamos haciendo lo correcto, si deberíamos haber hecho más para salvar la relación. Pero en ese lugar de vulnerabilidad recordemos que merecemos estar rodeados de personas que nos valoren y nos amen por lo que somos, sin pedirnos que cambiemos o nos sacrifiquemos.

Al soltar a personas que no nos aportan, nos abrimos a la posibilidad de encontrarnos con almas afines que nos entiendan sin palabras, que nos amen con todo su ser y que estén dispuestas a caminar a nuestro lado en cada paso del camino. Estamos creando espacio para la magia de las conexiones auténticas y profundas que nos llenarán de alegría y nos recordarán que merecemos el amor en su forma más pura.

Así que, con el corazón en la mano, nos permitimos soltar y liberar lo que ya no nos sirve. Confiamos en que el universo nos guiará hacia personas que nos harán brillar con luz propia, que nos envolverán con su calidez y nos recordarán lo hermosos y valiosos que somos. Nos abrimos al amor que nos merecemos y caminamos hacia un futuro lleno de relaciones profundas y significativas.

13

LA TORMENTA PASARÁ

Había una vez, en el rincón más profundo de mi ser, un corazón quebrado y una tormenta rugiendo en mi alma. Las lágrimas se habían convertido en compañeras constantes y el peso de la tristeza parecía desmoronar cada fibra. Cada día era un desafío reunir el valor para levantarme de la cama y enfrentarme al mundo.

Sentía que había perdido mi brújula interna y me encontraba perdida en un mar de desesperanza. Las noches eran las peores, cuando la oscuridad abrazaba mis pensamientos y las sombras de mis temores se alzaban con furia despiadada. Me sentía como un barco a la deriva, sin rumbo fijo ni puerto seguro al que aferrarme.

Cada paso se volvía una lucha y el peso de mis errores y decepciones parecía aplastarme. Me encontraba sumergida en un océano de autodestrucción, cuestionaba mi valía y me preguntaba si algún día podría ver la luz de nuevo. La tristeza se convirtió en mi hogar y la sonrisa que alguna vez adornó mi rostro parecía desvanecerse en un recuerdo lejano.

Sin embargo, en medio de esa oscuridad abrumadora, algo comenzó a cambiar en mí. Poco a poco, empecé a escuchar susurros de esperanza en el viento. Una voz suave pero poderosa se alzó desde lo más profundo de mi ser para recordarme que el sol todavía brillaba detrás de las nubes tormentosas. Esa voz me recordó que soy más fuerte de lo que creo y que he superado obstáculos antes.

Con cada lágrima derramada nacía una nueva determinación dentro de mí. Decidí que no me rendiría ante la adversidad, que levantaría mi espíritu y encontraría la fuerza para seguir adelante. Comencé a buscar destellos de belleza en los momentos más oscuros y encontré consuelo en las pequeñas cosas que antes pasaba por alto.

A medida que me esforzaba por sanar, descubrí que no estaba sola. Encontré apoyo en amigos y seres queridos que se acercaron extendiendo las manos para levantarme cuando mis piernas flaqueaban. Su amor y aliento se convirtieron en el combustible que necesitaba para confrontar mis demonios internos y enfrentarme a las tormentas con valentía.

Hoy, mientras miro a aquellos días oscuros, veo que esa tormenta implacable al fin ha comenzado a ceder. Aunque las cicatrices permanecen, han dejado espacio para el crecimiento y la renovación. Ahora entiendo que los momentos difíciles son parte del viaje, pero no definen quiénes somos.

Así que, si alguna vez te encuentras atrapado en una

tormenta, recuerda que la oscuridad no es eterna. Confía en tu capacidad de encontrar la fuerza interior para enfrentarte a los desafíos. Aunque los caminos sean difíciles, el tiempo y la voluntad te permitirán ver la luz que te espera al final del túnel. La tormenta pasará y te levantarás más fuerte y más sabio de lo que nunca imaginaste.

LAS DIFICULTADES SON PARTE INEVITABLE DE LA VIDA

Las dificultades son una parte inherente a la vida humana. Desde tiempos inmemoriales, las personas han afrontado una variedad de desafíos, ya sean de naturaleza personal, profesional, emocional o social. Es fundamental comprender que todos nos las vemos con dificultades en algún momento de nuestra vida, y que esto es completamente normal.

Al abordar las dificultades como algo inevitable, podemos cambiar nuestra perspectiva y comprender que no estamos solos en nuestra lucha. Al reconocer que otros también se han enfrentado a desafíos similares y han conseguido superarlos, podemos encontrar consuelo y esperanza.

Afrontar los conflictos con una perspectiva positiva puede marcar una gran diferencia en la forma en que los experimentamos y superamos. Si bien es comprensible que las dificultades generen estrés, ansiedad o desánimo, es importante recordar que nuestro enfoque puede influir en nuestra capacidad para superar los obstáculos.

Mantener una perspectiva positiva no significa ignorar o minimizar los desafíos, sino más bien desarrollar una actitud de resiliencia y determinación para enfrentarnos a ellos. La positividad nos permite ver las dificultades como oportunidades de crecimiento, aprendizaje y fortalecimiento personal.

Los problemas pueden manifestarse de diversas formas en la vida de las personas. Pueden surgir en el ámbito personal, como problemas de salud, relaciones complicadas o pérdidas significativas. A nivel profesional hacemos frente a obstáculos en nuestras carreras en forma de desafíos laborales, cambios inesperados o dificultades financieras. Además, las dificultades emocionales, como la ansiedad, la depresión o el estrés, también pueden afectar a nuestra calidad de vida.

Es comprensible que las dificultades parezcan abrumadoras y persistentes en el momento en que nos encontramos inmersos en ellas. Pueden consumir nuestros pensamientos y emociones, y es fácil que nos sintamos atrapados en un ciclo interminable de problemas. Sin embargo, es importante recordar que estas complicaciones son solo una parte temporal de nuestra vida y que tienen la capacidad de transformarse con el tiempo.

En lugar de evadir o negar las dificultades, es esencial que les hagamos frente. Al hacerlo estamos dando un paso importante hacia el crecimiento personal y la resolución de problemas. Evitar los conflictos solo prolonga su impacto y puede generar un mayor sufrimiento a largo plazo. Al enfrentarnos a ellos con valentía, podemos aprender lecciones valiosas, desarrollar habilidades para superarlos y fortalecer nuestra resiliencia.

La vida es una sucesión de altibajos, con momentos de alegría y dificultades. Es un ciclo natural del que todos formamos parte. Las dificultades son una parte intrínseca de este ciclo y no están destinadas a ser permanentes. Al igual que cambian las estaciones, nuestras circunstancias también evolucionan con el tiempo.

Históricamente, muchas personas han afrontado dificultades significativas y han logrado superarlas. Podemos encontrar inspiración en ejemplos históricos o personales de individuos que han experimentado adversidades aparentemente insuperables. Desde líderes mundiales hasta personas comunes, han encontrado fuerza interior, resiliencia y soluciones creativas para seguir adelante.

Historias como la de Nelson Mandela, que luchó contra el *apartheid* y se convirtió en un símbolo de reconciliación y justicia, demuestran que, con independencia del desafío y de nuestras circunstancias, siempre hay esperanza.

También podemos encontrar ejemplos más cercanos, en personas que conocemos o en nuestras propias experiencias. Quizá conozcas a alguien que haya superado una enfermedad grave, reconstruido su vida después de una pérdida significativa o logrado alcanzar sus metas a pesar de los obstáculos. Estos ejemplos nos recuerdan que las dificultades no definen nuestro destino y que podemos encontrar la fuerza y la motivación para seguir adelante.

No estás solo en esta experiencia de hacer frente a las dificultades, hay recursos y apoyo disponibles para ti, ya sea a través de amigos, familiares o profesionales. No dudes en buscar ayuda cuando la necesites, ya que compartir tus cargas puede aliviar el peso y brindarte una perspectiva renovada.

Confía en ti mismo y en tu capacidad para superar las dificultades que te plantea la vida. A medida que avances, recuerda que las dificultades son solo una parte temporal de tu historia. Con resiliencia, determinación y el paso del tiempo podrás superar los desafíos y encontrar un mayor crecimiento y felicidad en tu camino.

Una de las técnicas clave para desarrollar una mentalidad optimista es practicar la gratitud. Aunque estemos atravesando dificultades, siempre hay algo por lo que podemos estar agradecidos. Al centrarnos en lo positivo y reconocer las cosas buenas de nuestra vida, podemos cambiar nuestra atención hacia lo que está funcionando bien en lugar de enfocarnos solo en los problemas.

El autocuidado también es fundamental para mantener una perspectiva positiva. En los tiempos difíciles, es importante dedicar tiempo y energía a cuidar nuestra salud física, mental y emocional. Esto puede incluir actividades como hacer ejercicio, mantener una alimentación equilibrada, practicar técnicas de relajación y cuidar nuestras relaciones personales. Al fortalecernos y mantenernos equilibrados, estamos mejor preparados para enfrentarnos a las dificultades con una mentalidad más positiva.

Ejercicio
Mindfulness de la tormenta y la calma

Puedes escuchar esta meditación
en el pódcast de *Soltar para avanzar.*

Bienvenido a esta meditación de visualización, diseñada para ayudarte a encontrar calma y fortaleza en medio de las tormentas de la vida. Encuentra un lugar tranquilo en el que puedas estar cómodo y sin distracciones. Siéntate en una postura relajada, con la espalda recta y las manos apoyadas en las piernas. Cierra poco a poco los ojos y comencemos.

Empezaremos respirando hondo para relajarnos. Inhala profundamente por la nariz, siente cómo el aire te llena los pulmones y luego exhala suavemente por la boca, liberando cualquier tensión o preocupación. Continúa respirando de esta manera, inhalando calma y exhalando cualquier preocupación o inquietud que puedas tener.

Ahora, visualiza una tormenta que represente las dificultades a las que te enfrentas en este momento. Puede ser una tormenta de lluvia intensa, con nubes oscuras y relámpagos, o puede ser una tormenta interna de emociones que te abruman. Observa cómo se manifiesta esta tormenta en tu mente y permítete sentir todas las emociones que surgen.

Mientras observas la tormenta, reconoce y valida las emociones que sientes en este momento. Puede ser miedo, tristeza o rabia. Permítete estas emociones sin juzgarlas o resistirte a ellas. Acepta que es normal sentirse así en momentos de dificultad.

A medida que la tormenta continúe, busca un lugar seguro que te brinde protección. Puede ser una casa acogedora, una cueva tranquila o cualquier espacio donde te sientas seguro y protegido. Imagina cómo entras en este refugio y sientes que te rodea una sensación de paz y seguridad.

Desde el interior de tu refugio, observa cómo la tormenta comienza a disiparse y dar paso a la calma. Visualiza cómo las nubes se alejan, los rayos de sol se dejan ver y todo se vuelve más sereno y apacible. La calma te envuelve y te relajas cada vez más.

Dentro de ti habita un torrente de coraje y resiliencia que te impulsa a atravesar cualquier adversidad con valentía.

Eres más fuerte de lo que crees, las dificultades son meros desafíos para recordarte tu increíble capacidad de superación.

Ahora, desde tu refugio seguro, observa cómo el paisaje que te rodea se transforma. Puede ser un cielo claro y despejado, un arcoíris que aparece en el horizonte o un paisaje tranquilo y hermoso. Permítete sumergirte en la belleza de este paisaje tranquilo y siente cómo te llena de serenidad.

Tus alas se fortalecen en medio de las tormentas para permitirte volar aún más alto una vez que la calma regresa.

Mientras disfrutas de la calma, reflexiona sobre este momento como una representación simbólica de tu capacidad para encontrar paz y fortaleza incluso en medio de las tormentas de la vida. Reconoce que, así como la tormenta al final se disipa, las dificultades en tu vida pasarán con el tiempo. Eres fuerte y capaz de enfrentarte a cualquier desafío que se presente en tu camino.

No olvides que después de la tormenta siempre surge el arcoíris, símbolo de esperanza y promesa de días más radiantes.

Ahora, lentamente, abre los ojos y haz un par de respiraciones profundas. Siente cómo vuelves al presente llevando contigo la calma y la fortaleza que has encontrado en esta meditación. Recuerda que siempre puedes volver a esta visualización en momentos de tormenta para encontrar paz y claridad.

Gracias por dedicar este tiempo para cuidarte y fortalecerte emocionalmente. Recuerda que eres capaz de superar cualquier dificultad que enfrentes en tu vida. Con esperanza en el corazón y determinación en la mente, puedes encontrar la calma y la fortaleza para seguir adelante en tu camino. ¡Que tengas un día lleno de paz y serenidad!

Carta para el lector

Apreciado lector:

Si estás atravesando dificultades, quiero recordarte algo importante: ¡Son temporales! Aunque parezca que te encuentras en medio de una tormenta interminable, quiero asegurarte de que hay luz al final del túnel y que tienes la fortaleza necesaria para superar cualquier obstáculo que se interponga en tu camino.

Afrontar dificultades no es fácil, pero quiero elogiar tu valentía por seguir adelante, incluso cuando cada paso parece un desafío. No subestimes tu propia resiliencia y capacidad para superar cualquier adversidad que se presente en tu vida. Eres más fuerte de lo que crees y tienes el poder de transformar estas dificultades en oportunidades de crecimiento y aprendizaje.

Recuerda que las dificultades son solo una parte transitoria de tu viaje. Así como las estaciones cambian, también lo hacen las circunstancias de la vida. Los tiempos difíciles pueden enseñarte lecciones valiosas, fortalecerte emocionalmente y permitirte descubrir nuevas habilidades y recursos internos que ni siquiera sabías que tenías.

Aprovecha esta situación para buscar dentro de ti esa chispa de determinación y perseverancia que te impulsará a seguir adelante. Permítete sentir las emociones que surgen, pero no te quedes atrapado en ellas. Mantén una perspectiva positiva, porque incluso en los momentos más oscuros hay rayos de esperanza y pueden surgir oportunidades.

Recuerda que no estás solo en esta lucha. Busca apoyo en tus seres queridos, en personas que han atravesado situaciones similares o en profesionales. A veces, solo hablar sobre tus dificultades puede aliviar el peso que llevas dentro.

No permitas que las dificultades te definan; utiliza tu determinación y tu coraje para transformarlas en una fuerza impulsora en tu vida. Confía en ti mismo y en tus habilidades. Visualiza el momento en el que superarás estos obstáculos y cómo te sentirás cuando lo logres. Mantén ese objetivo en mente y trabaja cada día, paso a paso, para acercarte a él.

Recuerda que eres capaz de superar estas dificultades. Eres más fuerte de lo que imaginas y tienes un potencial ilimitado dentro de ti. Mantén la fe en ti mismo y en el proceso de la vida. Confía en que este capítulo difícil es solo una pequeña parte de tu historia y que hay muchas páginas más por escribir.

Ánimo, valiente. No te rindas. Sigue adelante y sé consciente de que en tu interior reside una fuerza inquebrantable que te guiará hacia un futuro brillante.

TERCERA PARTE

EL FUTURO

14

EL FUTURO AÚN NO HA LLEGADO, EL MOMENTO ES AHORA

En la vida todos deseamos alcanzar nuestros sueños y aspiramos a tener un futuro de promesas y éxitos. Es natural que nos sumerjamos en pensamientos sobre lo que vendrá, esperando con ansia días mejores y oportunidades que nos hagan sentir plenos. Sin embargo, en este emocionante viaje hacia ese futuro exitoso es fácil olvidar lo que tenemos aquí y ahora.

Detrás de cada anhelo por el futuro hay una sombra sutil que se extiende sobre nuestro presente. Cuando nos aferramos demasiado a lo que está por venir, corremos el riesgo de perder el brillo de las pequeñas alegrías y los momentos significativos que están justo frente a nuestros ojos. Es como si la magia de cada instante se desvaneciera entre las rendijas del tiempo mientras nuestros pensamientos divagan en un destino incierto.

¿Cuántas veces nos hemos dejado llevar por la inquietud de lo que aún no ha ocurrido, sin permitirnos disfrutar de lo que tenemos en ese preciso momento? Las preocupaciones futuras pueden convertirse en una nube oscura que nos empaña la visión y nos impide apreciar la belleza del presente. Nos volvemos cautivos de nuestros propios temores y expectativas, y sacrificamos nuestra felicidad actual por un espejismo ilusorio.

Es crucial reconocer que las inquietudes del mañana pueden tener un impacto profundo en nuestro bienestar emocional hoy. La ansiedad por lo desconocido puede abrumarnos, debilitando nuestras fuerzas y llenando nuestro corazón de miedos infundados. Nos perdemos en un laberinto de pensamientos, incapaces de vivir plenamente el presente.

Es tiempo de abrazar el poder sanador del presente, de volver a descubrir la maravilla de cada suspiro y de cada sonrisa que el presente nos regala. La vida está tejida con momentos únicos, llenos de aprendizajes y oportunidades para crecer. En este instante encontramos la chispa que puede encender una llama de esperanza y gratitud en nuestro corazón.

Es cierto, no podemos ignorar por completo el futuro ni dejar de planificar nuestras metas y sueños, pero hagamos un pacto con nosotros mismos para no dejar que las preocupaciones por lo que vendrá opaquen la luz del presente. Permitámonos vivir con plenitud y pasión, sabiendo que nuestro bienestar actual es el cimiento sobre el cual construimos el camino hacia el mañana.

Encontremos la belleza en lo simple, celebremos cada

logro, aprendamos de cada desafío y abracemos con gratitud el presente. A través de esta nueva perspectiva nos daremos cuenta de que el futuro puede ser mucho más prometedor cuando estamos arraigados en el aquí y el ahora, cuando nos permitimos experimentar la vida en toda su riqueza emocional.

Así que, en este instante, detengámonos un momento. Cerremos los ojos y sintamos la calidez del ahora en nuestras manos. Dejemos que la magia de vivir en el presente nos abrace y nos recuerde que aquí, en este momento, está la esencia de la felicidad.

¿POR QUÉ LE DAMOS TANTA IMPORTANCIA AL FUTURO?

En nuestra vida, el futuro se presenta como un lienzo en blanco lleno de posibilidades y oportunidades. Es un horizonte emocionante que nos invita a soñar, a planificar y a visualizar un escenario en el que alcanzamos nuestras metas y aspiraciones más grandes. Esta fascinación por el futuro es una parte inherente a nuestra naturaleza humana, ya que nos permite proyectarnos y darles sentido a nuestras acciones en el presente.

Una de las razones fundamentales por las que tendemos a enfocarnos en el futuro es la esperanza. La esperanza nos impulsa a creer que lo mejor está por venir, que las dificultades a las que nos enfrentamos en el presente se resolverán y que alcanzaremos un estado de bienestar y felicidad. En tiempos de incertidumbre o dificultades, mirar hacia el futuro puede ofrecernos un respiro emocional y una motivación para seguir adelante. El futuro se convierte en un faro luminoso que nos guía hacia nuestros anhelos más profundos y nos hace olvidar el presente que palpita ante nosotros.

Además, vivimos en una sociedad que valora la planificación y la consecución de metas. Desde edades tempranas se nos enseña a pensar en el futuro, a establecer objetivos y a trazar un camino hacia el éxito. La presión social para tener una carrera exitosa, una familia estable y lograr un nivel de bienestar económico nos empuja a mirar hacia delante y esforzarnos para lograrlo.

En este sentido, nuestras creencias culturales también desempeñan un papel crucial. En muchas culturas, el éxito y la realización personal se miden por logros futuros, por alcanzar ciertos hitos en la vida. Se nos dice que debemos trabajar arduamente hoy para cosechar las recompensas en el futuro. Esta mentalidad puede llevarnos a sacrificar nuestra presencia en el presente y a centrar toda nuestra energía en la búsqueda de logros futuros.

Sin embargo, es importante reconocer que este enfoque excesivo en el futuro también implica consecuencias negativas. Al estar tan absortos en lo que está por venir, corremos el riesgo de perder de vista el aquí y el ahora, el momento presente que es tan valioso y efímero. Nos olvidamos de apreciar las pequeñas alegrías cotidianas, de conectar con quienes nos rodean y de disfrutar por completo de la vida en el momento presente.

Vivir en una búsqueda constante del futuro puede llevarnos a experimentar ansiedad y estrés. La preocupación excesiva por lo que vendrá puede generar incertidumbre y miedo al fracaso, lo que afecta de manera negativa a nuestra salud mental y emocional. Además, puede generar una sensación de insatisfacción crónica, ya que siempre sentiremos que aún no hemos llegado a donde queremos estar.

En ocasiones el futuro también nos paraliza y nos hace pensar que encontraremos un momento mejor para tomar determinadas decisiones que son importantes, como formar una familia, independizarnos, etc.

Encontrar un equilibrio entre el enfoque en el futuro y la apreciación del presente es clave para nuestro bienestar emocional. Practicar la atención plena nos ayuda a reconectar con el presente aceptando y abrazando lo que realmente tenemos, mientras seguimos persiguiendo nuestros sueños y metas para el futuro.

El atractivo del futuro es comprensible, pero también es esencial recordar que la verdadera riqueza de la vida se encuentra en el presente. Nuestros sueños y aspiraciones pueden inspirarnos, pero no debemos dejar que nos alejen de apreciar y vivir plenamente cada instante que se despliega ante nosotros. Encontrar ese equilibrio nos permitirá experimentar una vida más rica y significativa.

¿Cuál es el precio de vivir en el futuro?

Cuando nos dejamos seducir por las promesas del futuro y nos alejamos del presente, pagamos un precio emocional y físico. Nuestra mente se llena de preocupaciones sobre lo que vendrá, y esto nos produce un agotamiento mental y emocional. La ansiedad y el estrés se convierten en compañeros constantes y pesan sobre nuestros hombros como una carga insoportable.

Imaginarnos constantemente en un futuro que aún no ha llegado puede llevarnos a perder de vista nuestras necesidades actuales y a descuidar nuestro bienestar presente. Nos olvidamos de cuidar de nosotros mismos, de conectarnos con nuestras emociones y de atender nuestras inquietudes más profundas. Como resultado, nuestra salud mental puede deteriorarse y, con ella, nuestra capacidad para disfrutar por completo de la vida.

No solo se ve afectada nuestra salud mental, sino también nuestro bienestar físico. El estrés crónico puede manifestarse en síntomas físicos, ya que se somatiza y aparecen dolores de cabeza, problemas digestivos, tensión muscular, entre otros. Al no estar presentes en el momento actual, es probable que no prestemos atención a nuestras necesidades físicas y descuidemos nuestro cuerpo, lo que puede tener efectos a largo plazo en nuestra salud.

Además del coste para nuestra salud, el precio de no vivir en el presente también se refleja en nuestras relaciones con los demás. Cuando estamos tan enfocados en lo que está por venir, podemos desconectar emocionalmente de quienes nos rodean. No estamos de verdad presentes en las interacciones con nuestros seres queridos, lo que puede llevar a una falta de conexión y comprensión mutua.

El anhelo constante del futuro puede hacernos posponer momentos especiales y experiencias compartidas con aquellos a quienes amamos. Las oportunidades para crear recuerdos valiosos se escapan mientras nuestra mente se aferra a un mañana que aún no ha llegado. Al no estar del todo presentes en nuestras relaciones, podemos perder la oportunidad de construir conexiones profundas y significativas con los demás.

La calidad de vida también se ve afectada cuando no vivimos en el presente. Nos perdemos la belleza de los detalles cotidianos que hacen que la vida sea especial. Los colores del atardecer, el aroma de las flores en primavera, el abrazo cálido de un ser querido; todas estas pequeñas alegrías pasan inadvertidas mientras nuestra mente se proyecta hacia un futuro desconocido.

LA TRAMPA DE POSPONER LA FELICIDAD PARA EL FUTURO

Es curioso cómo caemos atrapados en la trampa de posponer nuestra felicidad y satisfacción. Nos engañamos a nosotros mismos, creyendo que solo en algún punto del futuro encontraremos la plenitud y la felicidad que ansiamos. Nos decimos a nosotros mismos: «Cuando logre ese objetivo, seré feliz», «Cuando tenga más dinero, disfrutaré de la vida», «Cuando supere este obstáculo, me sentiré realizado». Pero, mientras tanto, la vida no para, sigue fluyendo a nuestro alrededor mientras nosotros nos perdemos en el laberinto de nuestra propia espera.

El problema de esta posposición perpetua es que, una vez que alcanzamos una meta o un deseo, nos enfocamos de inmediato en el próximo, y así sucesivamente. Siempre hay algo más que perseguir, algo más que alcanzar, y caemos en una espiral interminable en la que la felicidad parece siempre escaparse un paso más adelante. Nos convertimos en navegantes sin puerto, siempre buscando en el horizonte lo que ya está aquí, esperando que alguien lo descubra en el presente.

Quizá sea el momento de liberarte de esta trampa y de encontrar la ilusión y la alegría en el presente. No hay que esperar a que todo sea perfecto para ser felices, porque la perfección nunca llega, a menudo hay algo que mejorar o alcanzar. La verdadera alegría se encuentra en apreciar lo que ya se tiene, en reconocer la belleza de cada momento, incluso en medio de las imperfecciones.

Romper el ciclo de posponer la felicidad comienza con la decisión consciente de vivir en el presente de forma plena. Dejemos de lado las expectativas rígidas y permitamos que la vida fluya con sus sorpresas y regalos. Aceptemos que siempre habrá metas y sueños por alcanzar, pero que el verdadero tesoro se encuentra en cada paso del camino, en cada paso que damos hacia delante.

Así que liberémonos de la trampa de la posposición perpetua. Abandonemos la ilusión de que la felicidad está en algún lugar del futuro y descubramos que está justo aquí, en este instante, esperando a ser abrazada. Vivamos con gratitud y alegría encontrando el gozo en el presente y permitiendo que cada día sea una celebración de la vida que vivimos.

El momento es ahora

Cuatro simples palabras que encierran un mensaje poderoso. En este instante, en este preciso segundo, es donde reside la esencia de la vida. Es en el presente donde todo ocurre, donde podemos experimentar la realidad con todos nuestros sentidos y sumergirnos en la riqueza de cada momento.

El tiempo no espera y la vida es un destello fugaz que se desvanece como el humo entre los dedos.

El momento es ahora, y el ahora es todo lo que tenemos. Aprendamos a saborear cada segundo como si fuera el último, a valorar cada experiencia como si fuera la única. No permitamos que el tiempo se nos escape de las manos sin habernos sumergido en la grandeza de cada momento.

Así que, en este mismo instante, abracemos la vida con todas sus imperfecciones y maravillas. Aprendamos a vivir en el presente, con gratitud y aceptación, con pasión y propósito. Porque en el ahora se esconde la magia de la vida y solo cuando aprendemos a apreciarla plenamente podemos descubrir la verdadera felicidad. El momento es ahora y es nuestro momento para vivir.

El consejo del sabio anciano

Había una vez un sabio anciano que vivía en lo alto de una montaña. Todos los habitantes del pueblo acudían a él en busca de consejo y sabiduría. Un día, un joven inquieto llegó hasta su morada con el corazón lleno de preocupaciones sobre el futuro.

El joven le dijo al sabio: «Maestro, tengo grandes sueños y metas para el futuro. Quiero tener éxito, ser reconocido y alcanzar la felicidad plena. Pero me siento ansioso porque no sé si lograré todo lo que deseo. ¿Cómo puedo asegurarme de que mi futuro será como lo imagino?».

El anciano sonrió con amabilidad y le respondió: «Es comprensible que anheles un futuro próspero y feliz, pero la vida es como un río que fluye y rara vez podemos predecir con certeza hacia dónde nos llevará. Vivir pensando constantemente en el futuro puede volverse una carga pesada que nos impide disfrutar del presente y encontrar la paz en el corazón».

El joven se sintió desconcertado y preguntó: «Entonces ¿cómo debo vivir, maestro? ¿Cómo puedo encontrar esa paz y plenitud que tanto anhelo?».

El sabio se acercó a un pequeño estanque cercano y le dijo al joven: «Observa este estanque. Cuando estás preocupado por el futuro, tu mente es como el agua agitada de este estanque, turbia y sin transparencia. Pero si aprendes a vivir en el presente, tu mente se calmará y podrás ver con claridad lo que está sucediendo a tu alrededor».

Luego, el anciano tomó un pequeño puñado de tierra y lo arrojó suavemente al estanque. El agua se volvió turbia y la imagen del cielo reflejado en ella desapareció.

«Cuando te aferras a las preocupaciones del futuro, es como si arrojaras tierra al estanque de tu mente —explicó el sabio—. Eso te nubla la visión y te impide disfrutar de la belleza del presente».

El joven reflexionó sobre las palabras del sabio y preguntó: «¿Cómo puedo aprender a vivir en el presente?».

El anciano respondió con sabiduría: «Practica la atención plena en cada momento. Cuando estés comiendo, siente el sabor de cada bocado; cuando camines, siente el contacto de tus pies con la tierra; cuando converses con alguien, escúchalo con atención y empatía. Deja de lado las preocupaciones sobre el futuro y sumérgete de lleno en cada experiencia del presente».

El joven asintió con gratitud y se sintió inspirado por las palabras del sabio. A partir de ese día, comenzó a practicar la atención plena en su vida diaria. Con el tiempo, su mente se volvió más serena y clara, y descubrió una profunda paz y plenitud en el presente.

Aprendió que el pasado ya se había ido y el futuro aún no había llegado, y que lo único que en realidad tenía era el momento presente. Desde entonces vivió cada día con gratitud y alegría, sabiendo que solo en el presente podía encontrar la verdadera felicidad. Y así el joven aprendió la sabia lección del anciano: que vivir el presente es el camino hacia una vida plena y significativa.

ACEPTAR EL PRESENTE

La aceptación es una poderosa aliada para vivir plenamente en el presente. A menudo nos resistimos a lo que la vida nos presenta, deseando que las cosas sean diferentes o lamentándonos por lo que no tenemos. Sin embargo, este deseo constante de cambiar la realidad nos aleja del ahora y nos sumerge en una lucha interna que puede generar sufrimiento.

Aprender a aceptar la realidad del presente no significa resignarse o conformarse con lo que no nos gusta. Es reconocer que, en este momento, las cosas son como son y que luchar contra ello solo nos consume energía y nos aleja de vivir de forma plena. La aceptación nos invita a soltar las expectativas rígidas y a abrazar la vida con todas sus imperfecciones.

Encontrar gratitud en nuestras circunstancias actuales es un camino hacia la paz interior y la serenidad. A veces es fácil enfocarnos en lo que nos falta o en lo que ha salido mal, sin tener en cuenta todo lo que ya tenemos. Cultivar la gratitud nos permite cambiar la perspectiva y apreciar todo lo bueno que está presente en nuestra vida, aunque a veces sean cosas pequeñas y pasen inadvertidas.

Es en el acto de agradecer donde descubrimos la belleza de cada momento, por simple que sea. Agradecer el calor del sol en un día frío, la amabilidad de un extraño, el abrazo reconfortante de un amigo. La gratitud nos abre los ojos a las maravillas que nos rodean y nos permite encontrar alegría y significado en lo cotidiano.

15

PREDICCIONES QUE CASI NUNCA SE CUMPLEN

Una de las características distintivas de la naturaleza humana es la capacidad de pensar en el futuro y hacer predicciones sobre lo que está por venir. Esta necesidad de hacer vaticinios está arraigada en nuestro instinto de supervivencia y en nuestra búsqueda de control, seguridad y respuestas y certezas en un mundo incierto.

El futuro es un territorio lleno de incertidumbre, supone adentrarnos en lo desconocido y comporta sentimientos de intriga y preocupación. Hacer predicciones es una forma de intentar comprender lo que vendrá, de prepararnos para lo que el destino pueda deparar. Nuestra mente está constantemente buscando patrones y tendencias en la información que recibimos, tratando de encontrar una estructura en el caos para sentirnos más seguros y preparados.

Sin embargo, a pesar de nuestra búsqueda constante de predicciones precisas, la realidad nos ha enseñado que el futuro a menudo es impredecible. A lo largo de la historia ha habido numerosos ejemplos de predicciones famosas que no se cumplieron. Profetas, científicos, líderes políticos e incluso adivinos han hecho afirmaciones sobre eventos futuros que nunca llegaron a suceder.

¿QUÉ FACTORES SON CLAVE EN LAS PREDICCIONES SOBRE EL FUTURO?

El deseo de predecir el futuro está arraigado en nuestra psicología debido a diversos factores. En primer lugar, la incertidumbre nos genera ansiedad y predecir lo que vendrá nos ofrece una sensación de control y seguridad. Nuestra mente busca patrones y regularidades en el mundo, lo que nos permite tomar decisiones informadas y adaptarnos a los cambios que se avecinan.

Además, los sesgos cognitivos y emocionales desempeñan un papel importante en nuestras predicciones. Los sesgos cognitivos son atajos mentales que tomamos para procesar la información, lo que a veces nos lleva a conclusiones erróneas.

Por último, aunque la capacidad de hacer predicciones puede ser útil en ciertas circunstancias, también es importante reconocer sus limitaciones. Aceptar la incertidumbre y vivir en el presente nos permite disfrutar por completo de la vida y adaptarnos con flexibilidad a los cambios que se presentan. Aunque no podamos predecir el futuro con certeza, podemos aprender a abrazar la incertidumbre y encontrar significado y propósito en cada momento que vivimos.

La necesidad de control nos lleva a hacer predicciones

El deseo de predecir el futuro está estrechamente relacionado con nuestra búsqueda de control sobre la vida y el entorno que nos rodea. Queremos tener un cierto dominio de lo que va a ocurrir y una forma de satisfacer esta necesidad es a través de las predicciones del futuro. Nos aporta la sensación de tener atada la situación y poder prepararnos para ese futuro, evitando de esa forma cualquier tipo de sorpresa o riesgo que la vida nos pueda traer. Esto nos da cierta sensación de seguridad y confianza. Si sabemos lo que va a pasar, nos sentimos más preparados y menos vulnerables ante lo desconocido, a pesar de que es una ilusión de control.

Por otro lado, la incertidumbre del futuro puede generar ansiedad y estrés. Así, cuando tratamos de prever lo que vendrá, nos sentimos más empoderados y con ello disminuye nuestro nivel de ansiedad. La predicción del futuro puede ser una estrategia de afrontamiento para lidiar con la incertidumbre y la ambigüedad, y nos brinda un sentido de dominio sobre nuestro destino.

Sentimos que nos ayuda a la hora de tomar decisiones informadas en el presente. Al anticipar posibles escenarios futuros, podemos planificarnos y prepararnos mejor para lo que pueda venir. Esta capacidad de previsión es especialmente valiosa en ámbitos como los negocios, las finanzas, la política y la salud, donde las decisiones estratégicas pueden tener un impacto significativo en el futuro.

También nos permite adaptarnos mejor a los cambios que puedan surgir: si hemos tenido en cuenta determinados escenarios posibles, podemos ser más flexibles, ya que conocemos los imprevistos que pueden aparecer.

Sin embargo, es importante tener en cuenta que, aunque la predicción del futuro puede ofrecer una sensación de control y seguridad, también tiene sus limitaciones. El futuro es inherentemente incierto y complejo, y hay muchos factores que escapan a nuestro control.

Es esencial mantener una perspectiva realista sobre nuestras predicciones y equilibrar nuestro deseo de control con una aceptación de la incertidumbre de la vida. En lugar de aferrarnos a la ilusión del control absoluto, podemos desarrollar una mayor flexibilidad y resiliencia para plantar cara a los desafíos y cambios que se presenten en nuestro camino.

Piensa que la mayoría de las cosas que nos ocurren quedan fuera de nuestro control, y entre ellas está el futuro; no te preocupes por todo lo que no puedes controlar.

SESGOS COGNITIVOS QUE INFLUYEN EN LAS PREDICCIONES DEL FUTURO

Los sesgos cognitivos son patrones sistemáticos de pensamiento. Estos pensamientos son erróneos en muchas ocasiones, por lo que provocan una distorsión de la realidad. Esto no quiere decir que tengamos un problema o que nuestro cerebro no crea en los pensamientos o expresiones lógicas, sino que hace que les demos demasiada importancia a algunos aspectos y evitemos otros. De ahí surge la gran influencia de los sesgos cognitivos en la captación de la realidad. Funcionan como atajos mentales que evolutivamente han sido útiles porque nos han permitido tomar decisiones de forma más rápida.

La psicología cognitiva estudia estos atajos, así como otras estrategias y estructuras que utilizamos para procesar la información, y ha identificado una gran cantidad de ellos, que con frecuencia están relacionados entre sí. Si bien pueden ser útiles, en ocasiones la falta de racionalidad, de información u objetividad nos pueden llevar a equivocaciones. Estos errores sistemáticos en los procesos cognitivos producen una desviación en nuestro procesamiento mental y pueden alejarnos de la racionalidad o nublarnos el juicio.

En el contexto de la predicción del futuro, estos sesgos pueden tener un impacto significativo en cómo evaluamos la información y cómo formamos nuestras expectativas. Existen diferentes sesgos que impactan en las predicciones sobre el futuro; algunos de ellos son:

Sesgo de confirmación: Este sesgo se produce cuando buscamos, interpretamos y recordamos selectivamente la información que respalda nuestras creencias preexistentes, mientras que ignoramos o descartamos la información que las contradice. Cuando estamos tratando de hacer predicciones sobre el futuro, el sesgo de confirmación puede llevarnos a buscar pruebas que confirmen nuestras expectativas, incluso aunque esas pruebas sean escasas o débiles. También puede hacer que ignoremos advertencias o señales que sugieran que nuestras predicciones pueden estar equivocadas.

Por ejemplo, supongamos que alguien tiene la creencia de que una cierta inversión en el mercado será rentable en el futuro. Este sesgo podría llevarlo a buscar información que respalde esa creencia, como noticias positivas sobre la empresa o el mercado, mientras ignora noticias negativas o indicadores que sugieran un posible declive.

Sesgo de optimismo: El sesgo de optimismo se refiere a nuestra tendencia a subestimar los posibles riesgos o problemas futuros, debido a una visión excesivamente positiva de las cosas. Cuando hacemos predicciones sobre el futuro, este sesgo puede hacernos pensar que las cosas saldrán mejor de lo que indican las probabilidades o evidencias objetivas.

Por ejemplo, una persona que planea un viaje podría subestimar la posibilidad de retrasos en los vuelos o problemas logísticos porque está muy entusiasmada con el viaje y solo se enfoca en las expectativas positivas.

Sesgo de catastrofismo: Este sesgo se refiere a nuestra tendencia a enfocarnos excesivamente en los escenarios catastróficos o negativos, subestimando la probabilidad de sucesos positivos o menos alarmantes.

Nos vemos atrapados en un ciclo de preocupaciones y temores, lo que puede afectar a nuestra toma de decisiones y nuestra calidad de vida en el presente.

Por ejemplo, estamos estudiando para un examen y en nuestra mente solo aparecen pensamientos relacionados con suspender.

Sesgo de disponibilidad: Este sesgo se refiere a la tendencia a basar nuestras predicciones en información o eventos que son más fácilmente accesibles en nuestra memoria o que están más recientes en nuestra mente. Es decir, si algo nos viene a la mente con facilidad, es más probable que lo consideremos al hacer una predicción.

Por ejemplo, si hemos escuchado recientemente noticias sobre robos en nuestra ciudad, es posible que exageremos la probabilidad de que roben en nuestro hogar en el futuro, aunque las estadísticas indiquen que es poco probable.

Sesgo de anclaje: El sesgo de anclaje ocurre cuando nos aferramos demasiado a una primera impresión o punto de referencia al hacer predicciones, y esto afecta a nuestra capacidad para ajustar nuestras expectativas en función de información nueva.

Por ejemplo, imagina que estás en un restaurante y miras el menú para elegir un plato. Observas que hay un plato de pasta que tiene un precio bastante alto, pero el camarero te dice que es la especialidad del chef y está muy bien valorado por los clientes. Aunque hay otras opciones más económicas, tu mente se ancla al precio alto y empiezas a considerar el plato de pasta como una opción más atractiva y de mayor calidad, incluso aunque haya otras opciones igualmente deliciosas y más económicas. El sesgo de anclaje en este caso puede influir en tu decisión de elegir el plato de pasta más costoso basándote en el precio inicial como referencia.

Estos sesgos cognitivos pueden influir en la precisión y el realismo de nuestras predicciones sobre el futuro. Reconocerlos y ser conscientes de su existencia nos ayuda a tomar decisiones más informadas y a mantener una perspectiva equilibrada al evaluar las probabilidades y escenarios futuros. Además, adoptar una actitud de apertura a la información contraria y mantener un enfoque realista nos permite hacer predicciones más razonables y adaptativas.

LA PARADOJA DE LA ANTICIPACIÓN

Esta paradoja hace referencia al contraste entre nuestras expectativas sobre el futuro y la realidad que finalmente experimentamos. En la mayoría de las ocasiones, y sobre todo en personas que tienden al catastrofismo o al positivismo, nuestras predicciones sobre lo que ocurrirá en el futuro no están alineadas con lo que ocurre en la realidad. Esta discrepancia puede tener un impacto significativo en nuestra percepción de la satisfacción y felicidad con la vida.

En muchos casos, tendemos a idealizar o sobreestimar positivamente eventos futuros. Por ejemplo, podemos imaginar que un viaje de vacaciones será perfecto, una nueva relación será plenamente satisfactoria o un nuevo puesto laboral será el trabajo de nuestros sueños. Sin embargo, cuando llega el momento de vivir estas experiencias, podemos enfrentarnos a desafíos, obstáculos y aspectos no tan placenteros, que no habíamos previsto.

Este fenómeno se conoce como el «efecto de ensoñación» o «efecto de emoción futura». Nuestra mente tiende a enfocarse en los aspectos positivos y emocionantes de las experiencias futuras, lo que nos lleva a sentirnos emocionados y optimistas sobre lo que está por venir. Sin embargo, una vez que el futuro se convierte en realidad, nos damos cuenta de que nuestras expectativas eran demasiado elevadas y la experiencia no es exactamente como la habíamos imaginado.

En el otro extremo existe la paradoja de la anticipación

negativa, donde tendemos a sobreestimar negativamente los eventos futuros; es decir, podemos temer en exceso situaciones futuras y anticipar que serán peores de lo que realmente son. Por ejemplo, antes de una presentación importante en el trabajo, podemos estar llenos de ansiedad y preocupación, e imaginar escenarios catastróficos. Sin embargo, una vez que afrontamos la situación, es posible que las cosas no sean tan malas como habíamos temido y que incluso salgan mejor de lo esperado.

Si constantemente nos encontramos decepcionados o ansiosos debido a esta paradoja, podemos perder la capacidad de vivir plenamente el momento presente y apreciar las experiencias tal como son.

Para abordar la paradoja de la anticipación, es útil cultivar la conciencia y el realismo. Aceptar que nuestras expectativas pueden no coincidir siempre con la realidad nos permite abrazar la incertidumbre y apreciar lo que la vida nos ofrece en el presente. Estar abiertos a adaptar nuestras expectativas a medida que la realidad se desarrolla puede ayudarnos a encontrar mayor satisfacción y equilibrio en nuestras experiencias diarias. Adoptar una actitud de apertura y aceptación también nos ayuda a aprender a equilibrar nuestras expectativas y nos permite encontrar un mayor sentido de plenitud y disfrute en la vida, con independencia del desarrollo de los acontecimientos futuros.

La profecía autocumplida

La profecía autocumplida es un fenómeno psicológico en el que una creencia o expectativa sobre una situación futura provoca que esa situación ocurra o se cumpla de manera inconsciente. En otras palabras, nuestras creencias y expectativas pueden influir en nuestro comportamiento y decisiones de tal manera que terminan convirtiéndose en realidad, incluso aunque en un principio no hubiera ninguna base objetiva para que eso sucediera.

Este efecto se produce cuando nuestras creencias sobre algo influyen en nuestra forma de actuar, lo que a su vez afecta al comportamiento de otras personas o al curso de los acontecimientos. Por ejemplo, si un maestro cree que un estudiante en particular tiene dificultades para aprender y espera que tenga malos resultados en un examen, su actitud hacia el estudiante puede cambiar. Podría brindarle menos atención, menos oportunidades para participar y menos apoyo, lo que al final puede llevar a que el alumno tenga un desempeño deficiente en la prueba y a que se cumpla la profecía inicial del maestro.

Este fenómeno también puede aplicarse a nivel individual. Si alguien tiene la creencia de que nunca será capaz de superar un desafío, es probable que adopte una mentalidad derrotista y se comporte de manera que disminuya sus posibilidades de éxito. Por ejemplo, podría evitar los riesgos, esforzarse menos o renunciar enseguida ante cualquier obstáculo, lo que en última instancia puede conducir al resultado esperado de no lograr superar el desafío.

La profecía autocumplida puede tener un impacto poderoso en nuestras vidas y en las relaciones con los demás. Nuestras creencias y expectativas pueden afectar a nuestras actitudes y comportamientos, y también pueden influir en cómo interactuamos con otras personas. Por lo tanto, es importante ser conscientes de nuestras creencias y expectativas, y cuestionar si están fundamentadas en la realidad o si se basan en percepciones distorsionadas o en prejuicios.

Para evitar que las profecías autocumplidas afecten de manera negativa a nuestra vida, es crucial que nos cuestionemos nuestras creencias y mantengamos una mentalidad abierta y flexible. Si nos damos cuenta de que nuestras expectativas son negativas o limitantes, podemos trabajar en cambiarlas y adoptar una mentalidad más positiva y constructiva. Además, es importante que seamos conscientes de cómo nuestras creencias pueden influir en nuestras acciones y esforzarnos por tomar decisiones informadas y objetivas, en lugar de dejar que nuestras creencias preconcebidas dicten nuestros actos. Al hacerlo, podemos romper el ciclo de las profecías autocumplidas y abrirnos a nuevas posibilidades y oportunidades.

TOLERAR LA INCERTIDUMBRE

La incertidumbre es una constante que nos acompaña siempre, en ocasiones tolerarla se convierte en todo un reto y en una prueba de nuestra capacidad para adaptarnos. Es como caminar en un sendero bordeado de niebla densa, donde no podemos ver con claridad lo que nos depara el futuro. Sin embargo, es justo en medio de esa niebla donde se encuentra el poder de la tolerancia a lo desconocido.

La incertidumbre nos desafía y sacude nuestros cimientos, y nos exige una valentía que quizá ni siquiera sabíamos que poseíamos. Nos confronta con preguntas sin respuestas, decisiones difíciles y situaciones inesperadas que pueden llenarnos de ansiedad y temor. Sin embargo, también es el crisol donde forjamos nuestro carácter, donde aprendemos a abrazar lo impredecible y a encontrar serenidad en la ambigüedad.

Cada decisión que tomamos en la vida está empapada de incertidumbre. Desde las elecciones cotidianas hasta las más significativas, nunca podemos estar seguros de cuáles serán esos senderos del futuro. La incertidumbre también nos enseña la humildad de reconocer que no siempre tendremos todas las respuestas y que está bien permitirnos ser vulnerables y pedir ayuda cuando lo necesitemos.

La incertidumbre nos regala la posibilidad de sorprendernos, de enamorarnos, de afrontar retos insospechados y de superar obstáculos que nos hacen crecer como individuos. Es la chispa que impulsa nuestra curiosidad y nuestra creatividad; sin embargo, es en medio de esa incertidumbre donde se encuentra la magia de la experiencia humana. Cada paso que damos en territorio desconocido nos moldea, nos transforma y nos enriquece con una sabiduría que solo podemos adquirir al enfrentarnos a lo incierto.

En esos momentos de duda e indecisión es cuando se

forjan las lecciones más profundas. La incertidumbre nos invita a mirar dentro de nosotros mismos, a conectar con nuestra intuición y a confiar en ella para descubrir nuevos horizontes.

Aunque no podemos eliminar por completo la incertidumbre de nuestra vida, podemos aprender a abrazarla y a caminar con ella reconociendo que es una compañera valiosa en nuestro viaje hacia lo desconocido. Abrazar la incertidumbre nos permite encontrar un sentido más profundo en nuestras experiencias. Nos conecta con la fragilidad y la belleza de la existencia humana y nos impulsa a vivir con gratitud y plenitud cada momento presente.

Cuando abrazamos la incertidumbre encontramos un mundo lleno de posibilidades infinitas. Es como una paleta en blanco que nos permite pintar nuestros propios sueños y deseos, sin estar limitados por lo que la vida pensaba ofrecernos inicialmente. Nos empodera para tomar decisiones audaces y seguir nuestro corazón, incluso cuando el camino no está claramente trazado.

Ejercicio
Caja de tolerancia al futuro

En este ejercicio vamos a cultivar el desarrollo de una mayor tolerancia a la incertidumbre y al futuro incierto.

Consigue una caja pequeña o un recipiente que puedas decorar y personalizar. Puedes utilizar una caja de cartón, una lata vacía o cualquier otro objeto que te resulte significativo.

Tómate un tiempo para reflexionar sobre tus temores y preocupaciones relacionados con el futuro incierto. Identifica los «Y si...» y los escenarios que te generan ansiedad.

Escribe cada uno de esos «Y si...» o escenarios de preocupación en pequeñas notas o tarjetas. Por ejemplo, «Y si pierdo mi trabajo», «Y si no puedo lograr mis metas», «Y si las cosas no salen como espero», etc.

Una vez que hayas escrito los «Y si...» en las tarjetas, dóblalas y colócalas dentro de la caja.

Decora la caja de una manera significativa para ti. Puedes usar colores, imágenes o frases que te inspiren calma y esperanza.

Ahora, cada vez que te encuentres preocupándote o anticipando el futuro incierto, detente un segundo para respirar profundamente y recuerda que estos pensamientos son normales, pero que no tienes que aferrarte a ellos.

Luego, abre la caja y elige una de las tarjetas al azar. Lee el «Y si...» escrito en ella y tómate un momento para reflexionar sobre ello.

Practica la autorregulación emocional mientras sostienes la tarjeta en tus manos. Reconoce tus emociones, pero intenta no dejarte llevar por la ansiedad que pueda generar.

Ahora, cierra la caja nuevamente y guárdala en un lugar seguro. Imagina que estás dejando tus preocupaciones en la caja, y que puedes volver a ellas más adelante si es necesario, pero, por ahora, no es necesario que te quedes con ellas.

Finaliza el ejercicio practicando alguna técnica de relajación o mindfulness, como la respiración profunda o la meditación, para centrarte en el presente y soltar las preocupaciones sobre el futuro.

Repite este ejercicio cada vez que sientas que la ansiedad por el futuro incierto comienza a afectarte. Con el tiempo, notarás que desarrollas una mayor tolerancia hacia la incertidumbre y una capacidad para lidiar con las preocupaciones de manera más equilibrada. Recuerda que es normal sentir inseguridad sobre el futuro, pero aprender a tolerar esa incertidumbre puede ayudarte a vivir de manera más plena y tranquila en el presente.

Como hemos visto, nuestro mundo es cambiante y nuestro futuro es impredecible; en esta constante danza de cambio e incertidumbre, nos encontramos con la oportunidad de forjar una nueva perspectiva ante la vida. A medida que abrazamos la naturaleza impredecible del mundo que nos rodea, también descubrimos la importancia de cultivar nuestra resiliencia emocional y nuestra capacidad de adaptación.

Cada día enfrentamos una serie de desafíos y decisiones que, en última instancia, definen nuestro camino. Aunque no podamos controlar los giros que el destino nos presenta, sí podemos moldear nuestra respuesta ante ellos. Nos convertimos en arquitectos de nuestra propia actitud, aprendiendo a enfrentar los obstáculos con determinación y esperanza.

En esta era de rápidos avances tecnológicos, comunicación global y cambios sociales, debemos aprender a ser flexibles y abiertos al aprendizaje constante. Lo que era cierto ayer puede no serlo hoy, y lo que hoy consideramos una certeza podría ser desafiado mañana. En este contexto, se nos brinda la oportunidad de liberarnos de las expectativas rígidas y dar la bienvenida a la sorpresa y la novedad con curiosidad y aceptación.

Sin embargo, es natural sentirse abrumado por la incertidumbre y la volatilidad del mundo. Por ello, es crucial recordar que somos seres resilientes y adaptables por naturaleza. Nuestros ancestros afrontaron cambios y desafíos inimaginables, y aquí estamos hoy gracias a su capacidad para adaptarse y sobrevivir. De la misma manera, nosotros también poseemos ese poder interior para superar cualquier adversidad que se nos presente.

En lugar de temer lo desconocido, podemos verlo como una oportunidad para crecer, aprender y reinventarnos. Cada giro inesperado nos brinda la posibilidad de cuestionarnos, de descubrir nuevas habilidades y de encontrar fuerza en lo más profundo de nuestro ser.

Como hemos visto, nuestro mundo es cambiante y nuestro futuro es impredecible. En esta constante danza de cambio e incertidumbre nos encontramos con la oportunidad de forjar una nueva perspectiva ante la vida. A medida que abrazamos la naturaleza impredecible del mundo que nos rodea, también descubrimos la importancia de cultivar nuestra resiliencia emocional y nuestra capacidad de adaptación.

Cada día nos enfrentamos a una serie de desafíos y decisiones que, en última instancia, definen nuestro camino. Aunque no podamos controlar los giros que el destino nos presenta, sí podemos moldear nuestra respuesta ante ellos. Nos convertimos en arquitectos de nuestra propia actitud y aprendemos a afrontar los obstáculos con determinación y esperanza.

En esta era de avances tecnológicos, comunicación global y cambios sociales, debemos aprender a ser flexibles y estar abiertos al aprendizaje constante. Lo que era cierto ayer puede no serlo hoy, y lo que hoy consideramos una certeza podría refutarse mañana. En este contexto, se nos brinda la oportunidad de liberarnos de las expectativas rígidas y dar la bienvenida a la sorpresa y la novedad con curiosidad y aceptación.

Sin embargo, es natural sentirse abrumado por la incertidumbre y la volatilidad del mundo. Por ello, es crucial que recordemos que somos seres resilientes y adaptables por naturaleza. Nuestros ancestros afrontaron cambios y desafíos inimaginables, y aquí estamos hoy gracias a su capacidad para adaptarse y sobrevivir. De la misma manera, nosotros también poseemos ese poder interior para superar cualquier adversidad que se nos presente.

En lugar de temer lo desconocido, podemos verlo como una oportunidad para crecer, aprender y reinventarnos. Cada giro inesperado nos brinda la posibilidad de cuestionarnos, de descubrir nuevas habilidades y de encontrar fuerza en lo más profundo de nuestro ser.

16

LA ANSIEDAD

Soy la ansiedad, la compañera incansable que vive dentro de ti. A veces me mantengo en silencio, esperando con paciencia el momento de emerger. En otras ocasiones me muestro abrumadora, me convierto en el centro de tu mundo. Te agito, te inquieto y a veces incluso te paralizo.

Soy la voz que susurra en tu mente cuando te enfrentas a situaciones estresantes. Te hago recelar de ti mismo, hago que dudes de tus decisiones y te lleno de preocupación e inseguridad. Puedo hacer que sientas que el mundo se cierra sobre ti como si no hubiera escapatoria.

Cuando te enfrentas a nuevos desafíos, me presento sin previo aviso. Aumento los latidos de tu corazón, hago que te suden las manos y provoco una sensación de opresión en el pecho, como si te estuvieran estrangulando con una cuerda. A veces, te sorprendes respirando agitado, luchando por encontrar el aire que necesitas.

Soy esa voz que te dice que algo terrible va a suceder, aunque no haya pruebas reales que respalden mis afirmaciones. Consigo que te aborden los pensamientos catastróficos y me alimento de tus miedos más profundos. Te hago evitar situaciones y personas que podrían desencadenar mi presencia, manteniéndote atrapado en una jaula invisible de inseguridades.

Pero también sé que, en el fondo, solo quiero protegerte. Mi objetivo es mantenerte alerta y ayudarte a sobrevivir en un mundo que, en ocasiones, parece amenazante y peligroso. Sin embargo, a veces me equivoco en mis advertencias y mis reacciones se vuelven desproporcionadas.

Me has buscado respuestas y alivio, has intentado ignorarme o suprimirme, pero, aun así, encuentro la manera de regresar. Pero déjame decirte que no eres débil por sentirme. Soy parte de ti y aceptarme es el primer paso para manejar mis efectos en tu vida.

Aunque no lo creas, también se me puede domesticar. Hay formas de calmarme, de desarmar mis preocupaciones irracionales y reducir mi influencia en tu día a día. La terapia puede ayudarte a lidiar conmigo, a entender mis motivaciones y encontrar maneras de controlarme.

No siempre seré fácil de manejar, sin embargo quiero que sepas que no estás solo en esto. Puedes buscar el apoyo de tus seres queridos y el de otras personas que también se enfrentan a mi presencia. Juntos podemos trabajar para reducir mi impacto y aprender a vivir de una manera más plena y significativa.

Soy la ansiedad y, aunque puedo parecer desafiante,

también tengo la capacidad de enseñarte lecciones valiosas sobre ti mismo y el mundo que te rodea. Aprendamos a coexistir en armonía y a encontrar formas de vivir una vida plena y satisfactoria, incluso en mi presencia constante.

¿QUÉ ES LA ANSIEDAD?

La ansiedad es un estado emocional natural y normal que todos experimentamos en ciertas situaciones de la vida cotidiana. Es una respuesta natural de nuestro cuerpo ante circunstancias que percibe como amenazantes; por lo tanto, muchas veces es necesaria y beneficiosa, ya que nos prepara para hacer frente a los desafíos de la vida.

La ansiedad activa el sistema nervioso simpático, lo que provoca una serie de respuestas fisiológicas y psicológicas. A nivel físico puede manifestarse con palpitaciones, sudoración, tensión muscular, respiración rápida y superficial, entre otros síntomas. A nivel emocional puede generar inquietud, preocupación, miedo o nerviosismo. Y a nivel conductual puede propiciar conductas de evitación.

En la vida cotidiana la ansiedad puede desempeñar un papel importante debido a su función de supervivencia. Por ejemplo, antes de un examen, una entrevista de trabajo o una presentación pública es normal sentir cierto grado de ansiedad, que nos ayuda a estar alerta y enfocados. También nos motiva para enfrentarnos a desafíos y tomar decisiones cruciales.

En ocasiones la ansiedad se vuelve abrumadora o persistente; comenzamos a tener reacciones desproporcionadas en relación con las situaciones o estímulos, detectamos peligros subjetivos... Todo ello puede tener un impacto negativo en la salud y el bienestar. Reconocer la ansiedad y manejarla de manera adecuada es esencial para mantener un equilibrio emocional y una buena calidad de vida.

¿QUÉ DIFERENCIA HAY ENTRE ANSIEDAD ADAPTATIVA Y ANSIEDAD PATOLÓGICA?

La diferencia radica sobre todo en la intensidad, la duración y el impacto que tienen en la vida diaria de una persona.

Veamos por separado cada uno de estos factores:

Intensidad de los síntomas

Ansiedad adaptativa: En situaciones de estrés o desafíos es común experimentar cierto grado de ansiedad. Sin embargo, los síntomas suelen ser de leves a moderados y están relacionados directamente con el estímulo desencadenante. Una vez que la situación estresante ha pasado, la ansiedad disminuye de manera gradual.

Ansiedad patológica: Es desproporcionada y abrumadora. Los síntomas pueden ser extremadamente intensos y no estar vinculados a un evento o situación específicos. La ansiedad puede persistir durante largos periodos, incluso en ausencia de estímulos estresantes evidentes.

Duración de los síntomas

Ansiedad adaptativa: Es ocasional, temporal y se resuelve una vez que finaliza la situación estresante que la ha causado o el desafío.

Ansiedad patológica: En este caso se convierte en crónica y dura al menos seis meses. La ansiedad es persistente y puede fluctuar en intensidad a lo largo del tiempo.

Causas y desencadenantes

Ansiedad adaptativa: Suele estar relacionada con eventos estresantes de la vida, como exámenes, cambios importantes, situaciones sociales desafiantes, entre otros.

Ansiedad patológica: En este caso puede surgir de forma espontánea sin una causa aparente o puede desencadenarse por eventos relativamente menores. A menudo la desencadenan pensamientos irracionales o preocupaciones persistentes.

Impacto en la vida diaria

Ansiedad adaptativa: La ansiedad ocasional puede tener un efecto temporal en el rendimiento o la concentración, pero, por lo general, no interfiere significativamente con las actividades diarias y la funcionalidad.

Ansiedad patológica: Puede tener un impacto significativo en diversas áreas de la vida, como el trabajo, las relaciones personales, la salud y el bienestar emocional. Puede limitar las actividades cotidianas y la calidad de vida en general.

Autoconciencia

Ansiedad adaptativa: Existe una consciencia de las razones detrás de su ansiedad y se puede racionalizar.

Ansiedad patológica: Las personas pueden sentirse abrumadas por la ansiedad sin entender por qué se sienten así. También pueden preocuparse en exceso acerca de la ansiedad misma, lo que puede aumentar sus niveles de estrés.

Es importante tener en cuenta que el trastorno de ansiedad es un diagnóstico clínico y debe ser evaluado y tratado por un profesional de la salud mental.

FACTORES DE RIESGO

Factores biológicos

Genética: Existen pruebas de que la ansiedad puede tener una base genética. Las personas que tienen antecedentes familiares de trastornos de ansiedad tienen un riesgo mayor de desarrollar ansiedad. Los estudios en gemelos y familias han respaldado la idea de una predisposición genética hacia la ansiedad.

Neurotransmisores: Los neurotransmisores son sustancias químicas del cerebro que regulan el estado de ánimo y las emociones. Los desequilibrios en los neurotransmisores como la serotonina, la norepinefrina y el GABA (ácido gamma-aminobutírico) pueden estar implicados en el desarrollo de trastornos de ansiedad. Por ejemplo, los niveles bajos de serotonina pueden estar asociados con la ansiedad y la depresión.

Respuesta al estrés: El sistema nervioso simpático y el eje hipotálamo-hipófisis-suprarrenal (HPA) son responsables de la respuesta al estrés. Las personas con una mayor reactividad del sistema nervioso simpático pueden experimentar respuestas más intensas de ansiedad en situaciones estresantes.

Factores ambientales

El entorno y las experiencias de vida también pueden tener un impacto significativo en el desarrollo y agravamiento de la ansiedad.

Experiencias traumáticas: Vivir eventos traumáticos, como abuso, accidentes o situaciones de peligro extremo, pueden aumentar el riesgo de desarrollar trastornos de ansiedad. El trastorno de estrés postraumático (TEPT) es un ejemplo común de cómo las experiencias traumáticas pueden desencadenar esa ansiedad.

Factores estresantes crónicos: El estrés crónico relacionado con el trabajo, las relaciones interpersonales, los problemas económicos o los problemas de salud puede contribuir al desarrollo de la ansiedad. La exposición constante a situaciones estresantes puede sobrecargar el sistema nervioso y aumentar los niveles de ansiedad.

Modelado de comportamientos: Observar y aprender comportamientos ansiosos de figuras de autoridad o miembros de la familia puede influir en cómo una persona maneja la ansiedad. Si un niño ve a sus padres reaccionar con ansiedad ante diversas situaciones, es más probable que adopte respuestas similares.

Factores psicológicos

Los pensamientos y los patrones cognitivos pueden contribuir a la experiencia de ansiedad.

Interpretación catastrófica: Las personas con ansiedad a menudo tienden a interpretar situaciones neutrales como altamente amenazantes o peligrosas. Estas interpretaciones catastróficas pueden desencadenar respuestas de ansiedad desproporcionadas.

Rumiación y preocupación constante: Aquellas personas que tienden a rumiar sobre eventos pasados o se preocupan en exceso por el futuro pueden aumentar sus niveles de ansiedad. Estas formas de pensamiento pueden mantener el ciclo de ansiedad y dificultar el manejo adecuado de las emociones.

Perfeccionismo: Un alto nivel de autoexigencia y búsqueda de perfección en todo lo que se hace puede generar ansiedad por el temor al fracaso o la posibilidad de cometer errores.

Todos estos factores pueden interactuar con la ansiedad y contribuir a ella.

Imagina que la ansiedad fuera un iceberg, que solo muestra una pequeña parte sobre la superficie del agua, mientras que el resto permanece sumergido. Esta analogía nos ayuda a entender que las manifestaciones externas de la ansiedad son una parte ínfima, mientras que sus causas y aspectos más profundos están ocultos y pueden ser más complejos de entender.

Ahora vamos a analizar en detalle estas partes del iceberg: en la parte visible, la que sobresale, se encuentran los síntomas y comportamientos externos que son evidentes para los demás. Estos pueden incluir señales físicas como sudoración, temblores, palpitaciones o inquietud, así como conductas como la evitación de ciertas situaciones o interacciones sociales. Estos signos externos muestran que sucede algo internamente y que la persona puede estar experimentando ansiedad.

Por otro lado, en la parte sumergida del iceberg, oculta bajo el agua, se encuentran los factores subyacentes y las causas más profundas de la ansiedad. Estos pueden incluir factores biológicos, como la genética y la química cerebral, o factores ambientales, como experiencias traumáticas, emociones reprimidas, estrés crónico, autoestima baja, miedos, patrones de pensamiento negativo, preocupaciones persistentes, etc.

Esta metáfora nos enseña que lo que se muestra es solo una pequeña parte de lo que sucede internamente en una persona que experimenta ansiedad. A menudo, las causas y el impacto completo de la ansiedad están ocultos, y pueden ser precisas una exploración más profunda y una comprensión integral para abordar adecuadamente el problema.

También nos ayuda a entender a otras personas que están pasando por esto; lo que vemos es una mínima parte de toda la carga emocional que pueden albergar en su interior. Es muy importante brindar apoyo y comprensión a quienes experimentan ansiedad; esto puede ayudarles mucho a manejar sus emociones y superar los desafíos a los que se enfrentan.

EL ICEBERG DE LA ANSIEDAD

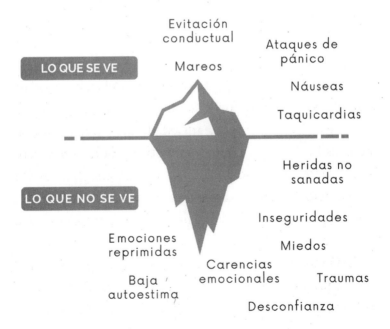

¿Cómo afecta la ansiedad a nuestro día a día?

En primer lugar, afecta a la salud física y mental. La tensión y el estrés crónico asociados a la ansiedad pueden contribuir al desarrollo de problemas de salud, como dolor de cabeza, tensión muscular y problemas gastrointestinales.

Además, la ansiedad se encuentra estrechamente relacionada con trastornos del estado de ánimo, como la depresión, y con otras cuestiones de salud mental. Estos trastornos pueden tener un efecto devastador en la vida de una persona y afectar a su capacidad funcional diaria y a su calidad de vida.

Otro de los ámbitos en los que la ansiedad tiene un impacto significativo es en las relaciones interpersonales con amigos, familia, pareja.

Quienes experimentan ansiedad pueden tener dificultades para conectarse emocionalmente con los demás, lo que puede acarrear una sensación de aislamiento y soledad. Pueden evitar situaciones sociales, lo que afectará negativamente a su vida social y su capacidad para mantener amistades significativas.

Asimismo, la ansiedad puede manifestarse como irritabilidad, impaciencia y preocupación constante por cómo los perciben los demás. Esto puede generar conflictos en las relaciones, ya que los comportamientos ansiosos pueden malinterpretarse o causar tensión en las interacciones diarias.

En el ámbito laboral y académico la ansiedad también

dificulta el rendimiento. Académicamente, quienes la padecen pueden experimentar dificultades para concentrarse y aprender debido a la preocupación constante y la inquietud. Esto puede afectar a su capacidad para recordar información y mantenerse enfocados en las tareas escolares.

En el ámbito laboral, la ansiedad puede generar dificultades para afrontar desafíos y tomar decisiones, sobre todo en situaciones de presión o responsabilidad. Los síntomas físicos de la ansiedad, como la sudoración excesiva o los temblores, pueden interferir con las tareas laborales y la interacción con compañeros y superiores.

Ejercicio
Calmando la ansiedad
con la respiración diafragmática

La respiración diafragmática, también llamada respiración abdominal o respiración profunda, es una técnica de relajación que se enfoca en usar el diafragma, un músculo ubicado debajo de los pulmones, para respirar de manera más eficiente y efectiva. Esta es la forma de respirar de los bebés y los niños pequeños, pero, a medida que crecemos, adoptamos otra más superficial y rápida, sobre todo cuando nos sentimos ansiosos o estresados. Esta respiración nos ayuda a reducir la frecuencia cardiaca y a disminuir la actividad del sistema nervioso simpático, responsable de la respuesta al estrés.

Cuando nos enfocamos en la respiración profunda y consciente, se desencadena la activación del sistema nervioso parasimpático, que se encarga de la respuesta de relajación, esto nos va a permitir sentirnos más calmados.

Al principio te puede resultar un poco extraño o incómodo respirar de esta manera, en especial si no estás acostumbrado a ello. Con la práctica habitual de esta respiración conseguirás mejorar tu habilidad para respirar de forma diafragmática.

¡Vamos a ponerla en práctica!

1. **Encuentra un lugar cómodo**: Busca un espacio tranquilo y sin distracciones donde puedas sentarte o recostarte cómodamente.

2. **Coloca las manos**: Ponte una mano sobre el pecho y la otra sobre el abdomen, justo debajo de las costillas. Esto te ayudará a sentir la expansión y contracción del abdomen durante la respiración.

3. **Inhala por la nariz**: Coge aire lenta y profundamente por la nariz. A medida que lo haces, concéntrate en permitir que el aire te llene del todo el abdomen, haciendo que se expanda como un globo. Trata de no levantar los hombros mientras

inhalas y enfócate en expandir el abdomen en su lugar.

4. **Exhala por la boca**: Exhala con suavidad y de manera controlada por la boca. Mientras tanto, siente que el abdomen se contrae y el aire sale de los pulmones.

Inhalación   Exhalación

Es importante que mantengas la concentración en la respiración durante todo el proceso, en cómo fluye el aire y en las sensaciones físicas que detectas en el cuerpo.

Continúa respirando de esta manera durante al

menos 5-10 minutos, o el tiempo que precises. Puedes repetirlo varias veces al día, sobre todo cuando te sientas ansioso o estresado. La respiración diafragmática es una técnica de relajación poderosa y beneficiosa no solo para utilizarla en momentos de nerviosismo o ansiedad, sino también como una práctica diaria para mantener una mayor calma y bienestar en general.

Incorporar la respiración diafragmática como una rutina diaria puede tener múltiples beneficios para la salud mental y física.

Podemos encontrar diferentes modelos de respiración diafragmática haciendo referencia a los distintos tiempos de exhalación e inhalación, o incluyendo algunos componentes nuevos. A continuación puedes ver algunos de estos tipos.

Respiración cuadrada: Se llama así porque la duración de cada fase de la respiración se divide en cuatro partes iguales, lo que crea una pauta cuadrada. Vamos a darle un punto extra añadiendo la visualización de la forma geométrica, haciendo ese cuadrado con el dedo o dibujándolo en un papel. Ese componente cognitivo nos va a ayudar a centrarnos en lo que estamos haciendo.

RESPIRACIÓN CUADRADA

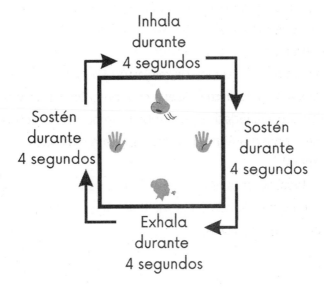

Inhala
durante
4 segundos

Sostén
durante
4 segundos

Sostén
durante
4 segundos

Exhala
durante
4 segundos

Técnica de respiración 4 - 7 - 8: Se basa en una secuencia de respiración rítmica y profunda que implica inhalar durante 4 segundos, sostener la respiración durante 7 segundos y luego exhalar completamente durante 8 segundos. En este caso podemos incluir el componente cognitivo con la visualización del triángulo que se forma al ejecutar esa secuencia de respiración; también puedes acompañarlo con el dedo o dibujarlo en un papel.

TÉCNICA 4 - 7 -8

Inhala durante 4 segundos

Sostén durante 7 segundos

INICIO

Exhala durante 8 segundos

LA IMPORTANCIA DE ACEPTAR LA ANSIEDAD

Es importante que adoptemos la perspectiva de aceptar y abrazar la ansiedad en lugar de luchar contra ella; esto nos ayudará a manejarla y comprenderla.

Por regla general, cuando experimentamos ansiedad, la primera reacción es intentar evitarla o suprimirla; esto podría parecer la solución para que desapareciera. Sin embargo, hace que aumenten la tensión y el malestar asociados. No obstante, al abrazar la ansiedad podemos cambiar nuestra relación con ella y aprendemos a lidiar de manera más efectiva con esta experiencia emocional.

Aceptar la ansiedad no implica rendirse ante ella, sino todo lo contrario. Es un acto de valentía, de amor propio y de autocompasión. Al abrazar la ansiedad nos damos permiso para sentir, para reconocer nuestras emociones y para aceptarnos tal y como somos, con nuestras vulnerabilidades y desafíos.

Cuando nos permitimos aceptar la ansiedad, podemos liberarnos del peso de la lucha interna y comenzar a explorar lo que realmente está sucediendo dentro de nosotros. A través de la aceptación aprendemos a mirar la ansiedad con compasión, sin juzgarla ni etiquetarla como buena o mala.

Al aceptarla, podemos aprender a identificar patrones y desencadenantes, lo que nos permite trabajar en estrategias efectivas para afrontarla. Aprendamos a vivir el presente sin juicios a través de la atención plena, permitiendo que la ansiedad fluya y se desvanezca en su propio tiempo. Cuanto sentimos de forma plena la ansiedad, percibiendo las sensaciones físicas y emocionales que van apareciendo y permitiendo que estén ahí, conseguimos que la ansiedad disminuya su intensidad de forma natural; sin embargo, cuando nos resistimos a ella creamos más tensión y la intensificamos.

Además, al abrazar la ansiedad dejamos de resistirnos a ella y alimentarla con más preocupaciones y temores. Aprendemos a soltar el control y a confiar en que, con el tiempo, la ansiedad disminuirá por sí misma. Aceptamos que está bien sentir ansiedad y que no tenemos que ser perfectos para merecer amor y comprensión. En esta aceptación de la ansiedad es importante que observemos y asimilemos los pensamientos y emociones en lugar de luchar contra los pensamientos ansiosos y examinarlos sin juzgarlos. Piensa que los pensamientos son solo eso y no reflejan necesariamente la realidad. Aprende a separarte de tus pensamientos y emociones, y no los veas como verdades absolutas.

Aceptar la ansiedad es el primer paso para encontrar la calma en medio de la tormenta y descubrir que, a pesar de estar pasando por momentos complicados, somos suficientes y muy valiosos tal y como somos.

17

ACEPTAR LO QUE NO DEPENDE DE NOSOTROS

En un mundo donde el estrés y la ansiedad acechan en cada esquina, aprender a aceptar lo que no podemos cambiar se convierte en un bálsamo sanador para el alma. Nos liberamos del peso de dirigir cada paso del camino y nos entregamos a la confianza de lo que nos va deparando la vida.

En ese camino hacia la aceptación descubrimos que nuestras relaciones interpersonales florecen en un jardín de armonía. Aceptamos que cada persona es un universo único y que no todos se moverán al ritmo que esperamos. Liberamos a los demás de la responsabilidad de cumplir nuestras expectativas y, en cambio, abrazamos la diversidad que enriquece nuestro mundo emocional.

Cuando dejamos de luchar contra lo incontrolable, nuestras energías se concentran en lo que realmente podemos cambiar. Nos sumergimos en el presente y enfocamos nuestras acciones en lo que está a nuestro alcance. Es como si desplegáramos las alas de nuestro potencial y voláramos hacia nuestros objetivos con una determinación renovada.

Este camino hacia la aceptación no es fácil, pero es el camino del crecimiento y la sabiduría. Es un viaje que nos transforma desde dentro y nos muestra que la verdadera fortaleza no está en controlar el mundo exterior, sino en encontrar la paz en nuestro mundo interior.

En el ámbito personal la habilidad de aceptar lo que no depende de nosotros cobra una relevancia especial. Aquí, aprender a abrazar la aceptación nos permite cultivar relaciones más genuinas, hacer frente a nuestros desafíos personales y encontrar una mayor paz interior.

¿Cómo aplicar la aceptación en nuestras relaciones interpersonales?

En nuestras relaciones con los demás es esencial reconocer que cada persona tiene sus propias expectativas, deseos y perspectivas. Aceptar esto nos ayuda a evitar juzgar o intentar cambiar a los demás para que se ajusten a nuestras ideas preconcebidas. No podemos controlar lo que dicen o hacen los demás, y mucho menos hacernos responsables de ello. Te animo a practicar la escucha activa, la empatía y el respeto hacia la individualidad de cada persona.

La importancia de la aceptación de las situaciones que nos depara la vida

La vida está llena de eventos impredecibles y desafíos que pueden sacudir nuestra estabilidad emocional. Al abrazar la aceptación, nos preparamos para enfrentarnos a estas situaciones con una actitud más tranquila y resiliente.

En lugar de resistirnos o negar la realidad, reconocemos nuestras emociones y permitimos que fluyan sin juzgarnos. La aceptación nos enseña a lidiar con la incertidumbre y a confiar en nuestra capacidad para adaptarnos y superar adversidades.

Al practicar la aceptación en situaciones difíciles, también aprendemos a centrarnos en lo que podemos controlar. Aunque no podamos cambiar las circunstancias externas, tenemos el poder de elegir cómo respondemos ante ellas. La aceptación nos brinda la sabiduría para tomar decisiones con mayor claridad y perspectiva.

En conclusión, la aceptación en el ámbito personal es un acto de amor hacia nosotros mismos y hacia los demás. Nos permite desarrollar relaciones auténticas, fortalecer nuestra autoestima y plantar cara a los desafíos de la vida con coraje y serenidad. Es un viaje de autodescubrimiento y crecimiento que nos lleva a un mayor bienestar emocional y a una conexión más profunda con nosotros mismos y con quienes nos rodean.

Aceptación de resultados inciertos y desenlaces inesperados en el ámbito laboral

En el ámbito laboral, las situaciones cambiantes y los resultados inciertos son inevitables. Aceptar esta realidad nos permite liberarnos del estrés y la ansiedad asociados al miedo, al fracaso o a lo desconocido.

Asumir resultados inciertos implica ser realistas y flexibles en nuestras expectativas, así como reconocer que en la vida profesional hay factores que escapan a nuestro control. Nos enfocamos en lo que podemos mejorar y aprender de cada situación, en lugar de lamentarnos por lo que no salió como esperábamos. Esta mentalidad nos impulsa a perseverar y seguir adelante, incluso cuando afrontamos obstáculos.

Aceptar los fracasos y rechazos como parte de la vida

Los fracasos y rechazos son experiencias comunes en todos los ámbitos. Aceptar estas situaciones con una actitud constructiva nos permite aprender de ellas y seguir adelante con mayor fortaleza. En lugar de sumergirnos en la autocrítica y la desesperanza, reconocemos que el fracaso es parte del camino hacia el éxito y que cada rechazo nos acerca a la oportunidad adecuada.

La aceptación constructiva nos impulsa a reflexionar sobre nuestras acciones y decisiones, identificar áreas de mejora y utilizar el fracaso como una plataforma para el crecimiento personal y profesional. Los fracasos no nos definen, sino que son oportunidades para mejorar y alcanzar nuestras metas con mayor sabiduría.

Aceptación de las oportunidades a pesar de la incertidumbre

La vida está llena de oportunidades que pueden surgir en momentos inesperados. Aceptar que salir de la zona de confort nos va a predisponer a reducir el control nos va a permitir estar abiertos a estas oportunidades y ser flexibles en la toma de decisiones. En lugar de quedarnos paralizados por la incertidumbre, nos lanzamos con valentía hacia lo desconocido y aprovechamos cada oportunidad para crecer y avanzar.

Aprovechar las oportunidades requiere estar en sintonía con nuestros valores y metas, y tomar decisiones conscientes que nos acerquen a nuestro propósito de vida.

Aceptación frente a la incertidumbre del futuro

La incertidumbre del futuro puede generarnos ansiedad y preocupación. Aceptar esta realidad nos permite afrontar estas emociones de manera saludable y constructiva. En lugar de dejar que la ansiedad nos paralice, practicamos la atención plena y el autocuidado para manejar el estrés.

La aceptación frente a la incertidumbre nos enseña a soltar la necesidad de tener control absoluto sobre lo que sucederá, y en su lugar nos enfocamos en lo que podemos hacer en el presente para prepararnos para el futuro. Aprendemos a confiar en nuestra capacidad para hacer frente a lo desconocido y a encontrar paz en la certeza de que siempre tenemos recursos internos para enfrentarnos a lo que venga; esto nos permite disfrutar de lo que tenemos en el aquí y ahora, y aceptar los desafíos con mayor serenidad.

Ejercicio
El círculo del control

Stephen Covey, en su obra *Los 7 hábitos de la gente altamente efectiva*, presentó una teoría sobre el control basada en los conceptos de «círculo de influencia» y «círculo de preocupación».

Según Covey, todos tenemos áreas en nuestras vidas que nos preocupan, pero no todas están bajo nuestro control directo.

Estas áreas se dividen en diferentes círculos:

Círculo de preocupación: Este círculo abarca todas las cosas que nos preocupan, pero sobre las cuales no tenemos un control inmediato. Pueden ser preocupaciones sobre el clima, la economía, la opinión de la gente de nuestro entorno, las acciones de los demás, los acontecimientos políticos, entre otros. Estas preocupaciones

---

pueden consumir nuestra energía y tiempo si les damos demasiada importancia y nos concentramos en ellas de manera excesiva.

Círculo de influencia: Este círculo incluye todas las cosas sobre las cuales tenemos un control indirecto. Aquí se encuentran nuestras acciones, decisiones, actitudes y respuestas frente a las situaciones que afrontamos en la vida. Aunque no podamos controlar todas las circunstancias, sí podemos elegir cómo respondemos a ellas y qué acciones emprendemos al respecto.

Círculo del control: Los hechos sobre los que yo tengo control directo, ya que lo que está implicado es mi propia conducta, donde yo decido qué hacer y qué no hacer.

Como podemos observar en este gráfico, en realidad la parte que podemos controlar en un cien por cien es muy pequeña, y, si la juntamos con esa en la que podemos influir, sigue siendo mucho menor que la que no podemos controlar.

¿Qué te parece si comenzamos a enfocarnos en lo que sí podemos controlar? Vamos a permitirnos fluir con el curso natural de la vida en las áreas que escapan a nuestra influencia.

Te propongo que dibujes este círculo en un papel y completes cada uno de sus apartados.

Esta herramienta también puede servirte para clasificar las preocupaciones que te vienen a la cabeza; muchas de ellas están en el círculo de lo que no puedes controlar y tomando conciencia de ello te vas a liberar de una gran carga.

Ejercicio
La rueda de la aceptación

Con este ejercicio vas a identificar las áreas de tu vida en las que te cuesta más practicar la aceptación, y te va a servir de guía para cultivarla en cada una de ellas.

Pasos:

1. Prepara un papel y un lápiz, o, si lo prefieres, utiliza el bloc de notas del móvil.

2. Divide la hoja en varias secciones o dibuja una rueda con ocho divisiones.

3. Etiqueta cada una de estas secciones con un área importante de tu vida, por ejemplo: trabajo, relaciones interpersonales, salud, familia, ocio, dinero, desarrollo personal, etc.

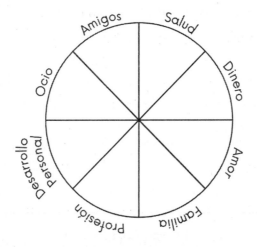

- Reflexiona en cada área: Dale una vuelta a cada área de tu vida y anota cómo te sientes con respecto a la incertidumbre y acepta lo que no puedes controlar en cada una de ellas. Observa si hay áreas en las que te cuesta más soltar el control o en las que la ansiedad por el futuro es más pronunciada.

- Practica la aceptación: En cada sección de la rueda, escribe una pequeña afirmación o declaración que te recuerde practicar la aceptación en esa área específica.

Por ejemplo: «Acepto lo que no puedo controlar en mi trabajo y me enfoco en mi esfuerzo y creatividad», «Confío en que las relaciones interpersonales evolucionan de manera natural y acepto que cada persona tiene su propio camino».

- Visualiza la rueda completa: Observa la rueda completa y tómate un momento para reflexionar sobre las afirmaciones que has escrito. Imagina cómo te sentirías si pudieras aplicar la aceptación en cada una de estas áreas de tu vida.
- Coloca la rueda en un lugar visible: Puedes recortar la rueda o simplemente guardarla en un lugar donde puedas verla con frecuencia, como en tu escritorio o en la puerta de la nevera. Esta rueda será una herramienta poderosa para recordarte la importancia de la aceptación en todas las áreas de tu vida.
- Practica a diario: Todos los días, tómate un momento para visualizar la rueda y leer las afirma-

ciones que escribiste. Lleva la práctica de la aceptación a cada aspecto de tu vida y recuérdate a ti mismo que estás cultivando una actitud de serenidad y confianza frente al futuro.

Este ejercicio te permitirá identificar aquellas áreas en las que necesitas trabajar más en la aceptación y te brindará una guía con afirmaciones positivas para cultivarla. Al mantener la rueda visible en tu vida diaria, te recordará la importancia de aceptar lo que no está en tus manos controlar y te motivará a abrazar el futuro con una actitud más constructiva y serena. ¡Disfruta del proceso de crecimiento y aceptación que te ofrece este ejercicio!

La aceptación enfocada al futuro es como una brisa cálida que acaricia nuestra alma y nos invita a abrazar la vida.

La aceptación nos empuja a mirar hacia delante con esperanza. Incluso en el horizonte de la incertidumbre, la aceptación nos enseña a vivir con gratitud y presencia, dejamos de obsesionarnos con el futuro y nos sumergimos en el regalo del aquí y ahora. Cada instante se convierte en una oportunidad para celebrar la vida y encontrar la belleza en las pequeñas cosas.

En conclusión, la aceptación enfocada al futuro es una brújula que nos guía en el camino de la autenticidad y la realización personal. Es una melodía que resuena en nuestros corazones y nos recuerda que la vida es una danza de aprendizaje y crecimiento. Con cada paso, cada respiración, nos convertimos en maestros de la aceptación y navegamos con gracia y determinación hacia un futuro lleno de esperanza y posibilidades infinitas.

EPÍLOGO

Querido lector: esta lectura llega a su fin. Espero que este viaje te haya permitido reflexionar sobre tus experiencias pasadas, apreciar el presente y enfrentarte al futuro con valentía y sabiduría.

A lo largo de esta lectura hemos explorado momentos de alegría y tristeza, éxitos y desafíos, amores y despedidas. Cada etapa de tu vida ha sido única y ha contribuido a forjar la persona que eres en este momento.

Recuerda siempre que cada experiencia, incluso las más difíciles, te han brindado la oportunidad de crecer y aprender.

En este viaje por el tiempo también hemos reflexionado sobre la importancia de vivir el presente con plenitud. El pasado ya es historia y el futuro es incierto, pero el ahora es lo único tangible que tenemos. Aprovecha cada día para expresar amor, gratitud y generosidad hacia los demás y hacia ti mismo.

El futuro puede ser un territorio desconocido, pero es importante abrazarlo con confianza y determinación. Aprende a adaptarte a los cambios y a enfrentar los desafíos que la vida te presente. Recuerda que tú tienes el poder de escribir tu propia historia y de crear un futuro lleno de esperanza y posibilidades.

Agradezco sinceramente que hayas compartido este viaje conmigo como lector. Espero que esta experiencia haya sido enriquecedora y que te haya inspirado a ser la mejor versión de ti mismo permitiéndote soltar esas cadenas que no nos dejan crecer. La vida es un aprendizaje continuo y cada día es una oportunidad para crecer y ser feliz.

Te animo a que continúes explorando, aprendiendo y creciendo en tu vida. Mantén viva la curiosidad y nunca dejes de buscar la verdad y la belleza en el mundo que te rodea.

Concluimos este viaje con la certeza de que la vida está llena de maravillas y de que cada día es un regalo para apreciar. Gracias por haber compartido este tiempo conmigo, querido lector. ¡Que el camino que recorras a partir de ahora esté lleno de luz y felicidad!

AGRADECIMIENTOS

A mi familia, gracias por ser mi pilar y mi apoyo. Gracias por inculcarme el valor del esfuerzo como pilar fundamental para conseguir los sueños. Gracias por creer en mí y apoyarme en cada uno de mis proyectos. Vuestro amor incondicional y vuestro aliento me han impulsado a perseguir mis sueños.

A mis queridas hijas, Julia y Claudia: sois mi fuente de inspiración. Cada sonrisa y mirada de asombro que veo en vuestros ojos alimentan mi creatividad y me dan fuerza para mis proyectos. Gracias por ser la luz de mi vida y mi razón día a día.

A ti, Ferran; tu amor y apoyo incansable han sido mi pilar en este viaje de escritura. Siempre has tenido confianza en mí y en mis capacidades, incluso cuando yo misma dudaba. Gracias por estar a mi lado y alentarme a seguir adelante sin que importaran los obstáculos. Nunca olvidaré todo lo que has hecho por mí para que este libro saliera adelante.

A la editorial Penguin Random House y en especial a mi editor, Oriol: gracias por tu dedicación y por ver talento en mí. Tu guía y tus valiosos consejos han enriquecido esta obra, y tu compromiso ha sido fundamental para que este libro cobre vida. Ha sido un privilegio trabajar contigo.

A mi comunidad de Instagram y de otras redes: vuestra energía y cariño son una fuente inagotable de inspiración. Cada comentario, cada mensaje, cada «me gusta» ha sido un gran aliento para seguir adelante. Gracias por ser una parte vital de este viaje y por compartir este emocionante trayecto conmigo. Sin vosotros este libro no habría sido posible. Gracias por ser parte de mi vida y de esta historia.

Y no podía olvidarme de mí misma: quiero agradecerme haber tenido el valor de seguir adelante, no rendirme cuando los desafíos parecían abrumadores y creer en mis propias capacidades. Gracias por permitirme explorar mi creatividad y expresarme a través de las palabras. Este libro es un testimonio de mi perseverancia y autodescubrimiento. Este viaje a través de la escritura ha sido emocionante, desafiante y profundamente gratificante.

Con amor y gratitud,

DORI SÁNCHEZ

BIBLIOGRAFÍA
Y LECTURAS RECOMENDADAS

Alonso Puig, M., *Reinventarse: Tu segunda oportunidad*, Barcelona, Plataforma Editorial, 2010.

Bourbeau, L., *La sanación de las 5 heridas*, Málaga, Editorial Sirio, 2017.

Covey, S. R., *Los 7 hábitos de la gente altamente efectiva*, Ed. revisada y actualizada, Barcelona, Planeta, 2015.

Dueñas Amaya, L. J., «Factores de predisposición genéticos y epigenéticos de los trastornos de ansiedad», *Revista Iberoamericana de Psicología*, 2019, 12(2), pp. 61-68.

Escrivá, M. V. M., García, P. S., Porcar, A. M. T., & Díez, I., «Estilos de crianza y desarrollo prosocial de los hijos», 2001, *Revista de psicología general y aplicada: Revista de la Federación Española de Asociaciones de Psicología*, 54(4), pp. 691-703.

Fox, B., «Amar no es dañar: Las relaciones tóxicas», *Willachikuy*, 2022, 2(1), pp. 16-17.

Goleman, D., *Inteligencia emocional*, Barcelona, Kairós, 2010.

González, A., *Las cicatrices no duelen: Cómo sanar nuestras heridas y deshacer los nudos emocionales*, Barcelona, Planeta, 2021.

González, M., Ibáñez, I., Rovella, A., López, M., & Padilla, L., «Perfeccionismo e intolerancia a la incertidumbre: Relaciones con variables psicopatológicas», 2013, *Behavioral Psychology/Psicología Conductual*, 21(1).

Hanh, T. N., *El arte de cuidar a tu niño interior: Reencontrarse con uno mismo*, Barcelona, Paidós, 2017.

Ildefonso, B. C., «Generalidades de la neurobiología de la ansiedad», 2017, *Revista Electrónica de Psicología Iztacala*, 20(1), pp. 239-251.

Jorge, E., & González, M. C., «Estilos de crianza parental: una revisión teórica», 2017, *Informes psicológicos*, 17(2), pp. 39-66.

Nhat Hanh, T., *Hacia la paz interior*, Barcelona, Penguin Random House Grupo Editorial España, 2014.

Pico, A. C. V., del Pilar Chávez, M., Malusin, B. A. Q., & Rodríguez, J. A. V., «Genética de la ansiedad y depresión», 2022, *Revista Arbitrada Interdisciplinaria de Ciencias de la Salud. Salud y Vida*, 6(3), pp. 691-700.

Soler Sala, J., *El lenguaje del alma: el arte de escuchar la vida y alinearse con ella*, Madrid, Ediciones Gaia, 2015.

Tolle, E., *El poder del ahora: Un camino hacia la realización espiritual*, Barcelona, Penguin Random House Grupo Editorial Argentina, 2012.